원고를 읽기도 전에 책 내용이 그려지는 저자는 처음입니다. 「성도는 우리 가족뿐입니다」라는 제목을 들었을 때 저자의 일상이 떠올랐기 때문입니다. 겉으로 보이는 결과물과 전혀 무관하게 하나님 나라가 무엇인지, 교회의 영광스러움이 어떠한 것인지를 삶으로 보여 주는 사역자들이 있는데 이 책의 저자 김민철 목사님이 바로 그런 분입니다. 10년이 넘도록 교회의 본질을 지키기 위해 고군분투하는 저자의 일상을 저는 감히 따라 할 자신이 없습니다. 특히 아내와 단둘이 예배하면서도 온전한 예배의 형식을 지키며 눈물로 하나님 은혜에 감사했다는 내용은 모든 사역자의 심금을 울립니다. 자신에게 주어지는 그 무엇과 전혀 무관하게 '위대한' 사역을 꿈꾸는 모든 분에게 기쁜 마음으로 이 책을 추천합니다.

_권율 목사(부산 세계로병원 원목, 「연애 신학」 저자)

처음에는 읽기 힘들었습니다. 곳곳에서 마음이 툭툭 걸리며 울컥했기 때문입니다. 이 책은 하나님이 어떻게 목사와 교회를 이끌어 가시는지를 보여 줍니다. 한 목사의 가족이 주님이 허락하신 광야의 길을 어떻게 묵묵히 걸어가는지, 그리고 사도 바울의 고백처럼 담대하고 거침없이(행 28:31) 하나님 나라의 복음을 선포하며 믿음의 길을 걷는지, 말과 글과 삶으로 증거합니다. 이 책은 김민철 목사에게, 그리고 김민철 목사를 통하여 일하신 하나님의 은혜의 기록입니다. 그리고 그 안에서 한없이 부끄러워지는 저 같은 모자란 목사도 위로를 얻고, 소망을 품습니다. 담담하지만 담대하고, 분명하지만 부드럽습니다. 주님을 사랑으로 섬기는 한 목사가 주님을 닮아 가는 바로 그 모습입니다. 목회의 길, 그리고 믿음의 길을 걷고 있는, 묵묵히 그 길을 걷다가 잠시 쉬며 한숨 돌리는, 혹은 그 쉼의 로뎀나무가 필요한 모든 그리스도인에게 이 책을 추천합니다.

_이수환 목사(강변교회 담임, 「그의 나라, 그의 왕, 그의 백성」 저자)

영어를 잘 못하는 영문과 졸업생, 장 칼뱅을 좋아하는 감리교 목사. 얼굴은 천진난만한데 그 속을 들여다보면 엉뚱한 구석이 하나둘이 아닙니다. 서울로 좀 옮겨 보라고 해도 성도 하나 없는 외진 교회를 10년째 붙들고 있습니다. 처음엔 '이상한' 고집인 줄 알았는데, 가만히 지켜보니 그에게도 어쩔 수 없는 하나님의 부르심이 있었습니다. 이 책은 김민철 목사가 몸으로 써 내려간 몸부림입니다. 과외 아르바이트, 포장 아르바이트, 교정 아르바이트 등 투잡, 쓰리잡을 넘어 N잡러로 몸부림치며 끝까지 부르심을 지켜 내고 있는 사랑스러운 동네 교회 목사의 이야기입니다. 꼭 읽어 보시길 추천합니다.

_강인구 대표(세움북스)

김민철 목사는 오래전 한 인터넷 카페에서 저에게 "고흥사랑 님"으로 불리던 분이었습니다. 이후 페이스북을 통해서 친해졌고 이제는 누구보다 가까운 형과 동생으로 지내면서 사랑을 나누고 있습니다. 그러다 보니 누구보다 먼저 이 책을 읽는 영광을 누렸습니다. 이 책에는 저자의 고백과 더불어 실천의 삶이 잘 녹아 있습니다. 대부분 부끄러운 과거는 숨기고 나름 정돈된 오늘을 아름답게 그려 가지만 저자는 그렇지 않습니다. 있는 그대로의 모습으로 자신을 드러내고, 그런 자신을 선하게 인도해 오신 하나님의 손길을 담담히 그립니다. 분주한 자신의 삶을 이끌어 가시는 하나님을 우리 모두의 하나님으로 아름답게 노래합니다. 그래서 이 책에서는 저자가 보이기보다 하나님이 더욱 선명하게 보입니다. 참 좋은 책이죠?

_전종득 목사(목포장로교회 담임)

목사님의 이야기가 책으로 나오게 되어 무척 반갑고 기쁩니다. 10여 년 가까이 작지만 귀한 성경 공부 모임에서 일상의 이야기를 나누며, 성경을 바르게 읽고, 읽은 말씀으로 어떻게 살아 낼까를 함께 고민하고 있습니다. 그 과정에서 목사님의 바른 성경 해석과 일관되고 진실한 삶의 태도를 마주할 수 있었습니다. 세 자녀의 아빠이고, 한 여인의 남편인 목사님의 진실하고 소소한 이야기가 이 땅에서 성도의 삶을 살아가는 분들에게 믿음으로 말씀을 살아 내기 위한 소중한 길잡이가 되리라 믿습니다.

_박세연 집사

교회 생활 말고 신앙생활을 어떻게 할지 고민하고 있을 때, 내적 갈등이 무척 심했습니다. 지인으로부터 성경 공부를 함께하자는 연락을 받고 '혹시 신천지는 아닐까?' 의심하다 한솔교회 김민철 목사님이 가르쳐 주신다는 말에, 믿고 성경 공부를 시작했습니다. 한 절 한 절 정성스럽게 가르쳐 주실 때마다 삶의 진솔한 이야기들이 펼쳐졌습니다. 교회에선 누구에게도 묻지 못했던 질문과 고민들을 김민철 목사님과는 나눌 수 있었습니다. 성도 간에 사랑하는 것이 무엇인지 눈으로 보고 배우며 교제하는 삶은 지금도 계속되고 있습니다. 진솔한 대화로 삶을 나누는 목사님과의 만남은 주님이 주신 선물입니다. 목사님의 책이 출간된다니 기쁘고, 진심을 다해 추천합니다.

_이제순 집사

김민철 목사님의 책이 언제 나오는지 목 빠지게 기다렸습니다. 이 책에 실린 목사님의 진솔하고 꾸밈없는 삶의 이야기와, 한 교회를 세워 가며 주어진 자리에서 묵묵히 한길만을 지키고 때로는 목회자로서의 여러 갈림길에서 고민하는 이야기가 여느 개척 교회의 고민과 다르지 않을 거라 느꼈습니다. 현실을 회피하지 않고 마주하며 최선을 다해 하나님에게 간구하며, 예배와 가정을 지키며 살아가는 모두의 이야기기도 합니다. 감사로 살아가며 사랑으로 품는 저자의 이야기를 함께 읽어 봅시다.

_황지원 집사

성도는 우리 가족뿐입니다

(주)죠이북스는 그리스도를 대신한 사신으로
문서를 통한 지상 명령 성취와 하나님 나라 확장을 위해 노력합니다.

성도는 우리 가족뿐입니다

성도는 우리 가족뿐입니다

김민철 지음

죠이북스

차 례

contents

서문 · 8

프롤로그_당신은 부목사 못해! · 14

PART 1. 우리 가족은 한솔교회 성도입니다 · 18

10여 년의 시간, 누가 오시든 오시지 않든 | "너 그럴 거면 신학대학에나 가지 그러냐!" | 7년 반의 방탕 생활을 접다 | 못해 신앙인이 드렸던 서원 기도 | 성경을 모르고도 신학대학원에 합격하다니 | 무릎 수술을 받다 | 두 번째 회심 | 그 의사를 만나지 않았더라면 | 고흥에서의 험난한 개척 허가 | 고흥을 떠나다 | 고흥 목회가 내게 꼭 필요했던 이유 | 공허함이 만들어 낸 흑역사 | 한 사람을 데리고서라도

PART 2. 우리는 진짜 예배를 드립니다 · 74

예전 해설 예배를 드리다 | 빼곡한 메모의 비밀 | "아빠, 전보다 훨씬 좋아요!" | 우리의 작은 "헤세드" | 아빠가 만난 예수 그리스도 | 나는 그리스도인으로서 무엇을 할 수 있을까 | 모세의 죽음을 보며 | 아빠, 오늘 집에서 예배하면 안 돼? | 아내와 단둘이 예배하며 | 아, 주님이 이렇게 오시는 건가 | "제 생일이 조금 특별하다는 것을 알았어요!" | 막내의 질문 | 웃기도 하다가 혼나기도 하다가 | 첫 성찬 | 잘했다, 착하고 신실한 종아!

PART 3. 그럼에도 제 길은 목회자입니다 · 122

"내 어머니 돌아가시면 장례 인도는 네가 해야 한다" | 예상치 못한 만남, 그리고 해야 할 일에 대한 자각 | 작지만 귀한 성경 공부 모임 | 목회자로서의 소망 | 어르신들과 함께하는 시간 | "하나님, 민철이 주의 종 되게 해주세요" | 제 뒤통수를 세게 때려 주세요! | 불러 주시면 어디든 | 하나님을 찬양할 수밖에 없는 이유 | 저도 그렇게 하고 싶습니다 | 이제는 말할 수 있다 | 신실한 동역자들

PART 4. 그 만남에 위로를 받습니다 · 166

잊을 수 없는 그 1년 | 1201호 어르신 | 508호 어르신 | 503호 어르신 | 한 청년과의 만남 | 형제의 열정 | 한 교회에 속한 우리 | 어떻게 이 고리를 끊을 수 있을까 | 뜻밖의 선물, 제주 여행 | 10년의 시간을 위로하시다 | 아내의 피아노 | 한마음으로 | 천사의 방문 | 매주 이러면 좋겠지만 | 우리의 위로와 소망

PART 5. 목사, 남편, 아빠, 아들이라서 행복합니다 · 222

아내의 일기장 | 내 인생 최고의 복 | 한솔교회의 유일한 성인 성도 | "아빠 아들로 태어나 줘서 고마워" | "잘 살아 줘서 고마워" | 그저 곁에 오래 계시기를 | 특별한 휴가 | 아내 모교회의 방문 | 아들의 위로 | 부산에 가다 | 잃는 것이 있으면 얻는 것도 있다 | 그렇게 기억되고 싶습니다

PART 6. 저는 N잡러 목사입니다   · 264

피할 수 없으면 즐겨라 | "민철 오빠 소질 있는데요" | 민철 상회 대표 | 아르바이트 초대장 | 부부 어벤져스 | 영어는 거들떠보지도 말아야지 | 뜻하지 않게 시작된 수업 | "민철 님은 참 좋으신 분 같아요" | 신발과의 사투 | 그런 시절들을 지나 | 아이들이 스스로 알게 되기를

에필로그_작은 바람 · 304

2019년 5월, 집주인이 더는 연장 계약을 하지 않겠다고 연락해 왔습니다. 2019년 2월 14일에 계약이 자동 갱신되었는데, 2021년 2월 14일에는 재계약을 안 할 테니 그 전에 아무 때나 나간다고 하면 보증금을 빼주겠다고 했습니다. 계약 만료까지는 1년 8개월 정도 남았지만, 이사 갈 생각을 하니 조금 막막했습니다. 그런데 한편으로는 그때 부목사 제안을 받기도 해서 앞으로 제 삶에도 변화가 필요하다는 것을 느끼기도 했습니다. 물론 부교역자로 갈 생각은 전혀 없었지만요.

첫 목회지는 고흥이었습니다. 한 번도 가 보지 않은 전라도 땅, 그것도 최남단 고흥에서 개척하려고 마음먹었습니다. 귀농 기독교 공동체를 해 보겠다고 말입니다. 당시 제 주위 모든 사람이 반대했습니다. 심지어 아내까지도요. 하지만 저는 주위 사람들을 설득하고, 제 아내도 6개월 가까이 설득하여 '사명'이라는 명분하에 고흥행을 추진했습니다. 그곳에서 평생 살려고 모든 것을 걸고 간 것입니다. 그러나 1년 반 만에 고흥을 떠나게 되었습니다.

돌아보니 고흥에 품었던 뜻이 옳았을지 모르지만, 제게는 욕심이었다는 생각이 들었습니다. 고흥을 떠나 이천으로 오면서 '앞으로는 순리가 아니면 따라가지 않겠다. 무언가를 무리하게 추진하지 말자'라고 마음먹었습니다. 그런 마음으로 이천에서 하루하루를 살았습니다. 그러다가 집주인의 통보를 받으니 이제는 움직일 때가 되었다는 생각이 들어 고민하며 기도했습니다. 그러면서 이런 생각도 들었습니다. '내가 너무 버티는 데만 집중하고 있는 것은 아닐까? 너무 수동적으로 살고 있는 것은 아닐까? 생계가 중요하긴 하지만 거기에 너무 목매고 있는 것은 아닐까? 이천을 떠나 다른 곳으로 가야 하나?'

　　그렇게 어떤 결론도 내리지 못한 채 시간이 흘렀습니다. 2019년 말, 대학 후배를 만났습니다. 그 후배는 출판사에서 편집장으로 일하고 있었고, 그 자리에 함께 일하는, 다른 편집자도 데리고 왔습니다. 평소에도 알던 사이여서 자연스레 동석한 것이지요. 대화를 나누던 중, 갑자기 동석한 편집자가 제가 살아가는 이야기를 책으로 만들어 보면 좋겠다고 제안했습니다. 언젠가 책을 쓰고 싶은 마음이 있기는 했지만, 생각해 두었던 분야가 아닌 제 삶 이야기를 책으로 만들자고 하니 처음엔 어리둥절했습니다. 게다가 저는 다른 출판사 외주 편집자로 일하고 있고, 그 출판사 대표님과는 형님 동생 하는 사이라서 그 편집자의 출간 제안이 그냥 지나가는 소리로 들렸습니다. 하지만 그 뒤로도 몇 번이나 진지하게 같은 제안을 해주었습니다. 저는 거기에 진심을 느꼈고, 무엇보다 책 제목도 오래전부터 생각해 놓았다는 이야기를 들으니 그냥 흘려보낼 수가 없었습니다. 그때 말해 주었던 제목이 바로 「성도는 우리 가족뿐입니다」입니다. 제목을 듣는 순간, 뭔지 모를 뭉클함이 마음속 깊은 곳에서 올라왔고, 저도 모르게 눈물이 흘렀습니다. 얼마 후 기획서와 목차까지 보내 주었는데, 이루 말할 수 없는 감동을 받았습니다. '아, 이 편집자가 아주 오랫동안 내 글을 보고 있었구나.'

제목과 목차를 보고 도저히 그 마음을 거절할 수가 없었습니다. 그럼에도 엄두가 나지 않았습니다. 무엇보다 겉으로 드러나는 열매는 전혀 없어 보이는 한솔교회 이야기를, 그리고 제 목회 이야기를 글로 쓸 생각을 한 적이 없기 때문입니다. '내가 뭐라고⋯⋯.' '과연 내가 책을 쓸 자격이 있나', '무슨 말을 해야 하나'라는 생각이 머릿속에서 떠나지 않았습니다.

그러던 어느 날, 아이들 생각이 났습니다. 시간이 흘러 아이들이 이런 의문을 품을지도 모르겠다는 생각이 들었습니다. '거의 모든 주일을 우리 가족만 예배하는데, 아빠는 왜 늘 양복을 입고 강단에 서서 정해진 순서대로 예배를 인도하고, 언제나 30-40분이나 되는 설교를 할까?' 제가 살아가는 이야기를 기록으로 남겨 놓으면, 이 책이 이러한 의문에 대한 답이 될 수 있고, 나중에 아이들이 그리스도인으로 살아가는 데 도움이 되지 않을까 싶은 마음이 들었습니다. 지금과 같은 현실에서는 아이들이 앞으로 그리스도인으로 살아가기가 쉽지 않을 텐데 아빠의 삶이 아이들에게 위로가 되기를 바라는 마음에서 결국 펜을 들기로 결정했습니다.

2020년 9월 7일에 출판 계약을 하고, 2년여의 시간이 지나 이제 그 결실을 맺게 되었습니다. 그리고 신기하게도 그때쯤 집주인에게 이사를 가지 않아도 된다는 연락을 받았습니다.

지금까지 만 10년이 넘도록 이천에서 목회를 지속하고 있습니다. 이 책은 성공기도 아니고, 특별한 기술이나 성공하는 방법을 가르쳐 주는 안내서도 아닙니다. 그저 하나님을 사랑하고, 교회를 사랑하고, 사람을 사랑하는 무명의 그리스도인이 이천 시골에 있는 상가 지하 예배당에서 목회하는 이야기입니다. 특별한 목표는 없지만, 그럼에도 주어진 상황에서 최선을 다해 살아가려고 애쓰며, 고단한 현실 속에서 하루하루를 버티며 살아가는 이야기입니다.

부족한 이 글이 누군가에게 작게나마 위로가 되고 힘을 줄 수 있다면, 그래서 아주 잠시라도 고단한 현실을 버티는 데 도움이 된다면, 그렇게 우리가 주님 안에서 연결되어 있음을 느낄 수 있다면, 제게도 큰 기쁨이 될 것입니다.

이 글을 쓰게 되기까지 감사한 분이 참 많습니다. 한솔교회와 저희 가정이 지금까지 자리를 지킬 수 있는 것은 수많은 분의 기도와 여러 교회와 성도의 후원이 있었기 때문입니다. 그 교회들과 성도들이 계시지 않았다면 한솔교회와 저희 가정이 지금까지 버티지 못했을 것입니다. 저는 갚을 수 없는, 너무나 큰 사랑의 빚을 지고 있습니다. 그리고 오랫동안 제 글을 관심 있게 보고 출간을 제안해 준 김세나 편집자, 그리고 제 대학 후배인 신현정 편집장, 삽화를 그려 준 정영주 간사에게 진심으로 감사합니다. 죠이북스의 모든 분이 보여 주신 진심에 얼마나 감동했는지 모릅니다. 그리고 제가 참 사랑하는 형님인 세움북스 강인구 대표님에게도 감사를 드립니다. 형님의 지지 덕분에 이 글을 완성할 수 있었습니다. 마지막으로 양가 부모님과 친지 분들,

그리고 아내 은미와 기쁨, 충의, 온유에게 감사와 사랑을 전합니다. 가족들이 없었다면 이 글은 불가능했을 것입니다. 또한 부족한 이 글을 읽어 주시는 모든 분에게 감사의 인사를 전합니다. 마지막으로 무엇보다 하나님에게 감사와 찬양과 영광을 올립니다. 제 삶은 전적으로 하나님의 은혜입니다! Soli Deo Gloria!

당신은 부목사 못해!

10년이 넘도록 제가 담임으로 섬기는 한솔교회 성도는 저희 가족뿐입니다. (이런 표현을 좋아하지 않지만) 규모가 작은 교회를 오랫동안 섬기면서 자연스럽게 보게 되고, 생각하게 되는 것들이 있습니다. 제 사역의 모습들이 누군가의 눈에는 합리화나 정당화되는 것으로 보일 수도 있지만, 저는 말씀에 비추어 교회 본질이 무엇인지 확인하면서 현재 저에게 주어진 상황을 받아들이고 있습니다. 그러면서 이 상황에서 무엇을 해야 하는지 끊임없이 고민합니다.

그런 고민의 결과들이 저의 설교, 강의, 말, 그리고 삶에 드러납니다. 제가 어떤 선택을 하는지, 사람을 어떻게 대하는지 등을 통해, 저의 모든 것이 고스란히 드러나고 있습니다. 제 아내와 아이들은 제 삶을 전부 보고 있으니, 그 누구보다도 잘 알 것입니다. 심지어 아내는 제 SNS를 자기 것처럼 보기까지 합니다. 그러니 아내는 누구보다 저를 잘 알고 있습니다.

한편, 제게 주어진 현실에서만 할 수 있는 말도 있습니다. 먹고살기 위해 여러 일을 감당해야만 하는 고단한 현실이지만, 기회가 될 때마다 이웃과 나누며 살자고, 욕심을 버리고 살자고요. 또 하나님이 저를 어떤 길로 인도하시더라도 기쁘게 받아들이겠다는 고백 등입니다. 이것은 아내에게도 종종 하는 말이고, 성경 공부를 하거나 말씀을 나눌 때도 하는 말입니다. 나중에 그런 말이 제 발목을 잡을 것입니다. 사실 그렇게 되었으면 하는 마음으로 평소에도 부단히 강조하고 있습니다. 어쩌면 이 책을 출간하면서 여기에 실린 글들이 제 발목을 제대로 잡았으면 하고 바라는지도 모릅니다.

목사 안수를 받을 즈음, 여기저기에서 부교역자로 가면 어떻겠느냐는 조언을 많이 들었습니다. 3년 전까지도 가끔 그런 말을 들었습니다. 물론 목회자 후보생일 때를 제외하고, 담임 목회를 시작한 이후로 부교역자를 고려해 본 적이 없기에 그런 말들에 귀를 기울이지 않았습니다. 그래도 지나가는 말로 아내에게 부교역자에 대한 이야기를 한 적이 있는데, 그때 아내는 단호하게 말했습니다.

"당신은 부목사 못해!"

성경을 통해 확인할 수 있는 하나님 나라 백성의 모습, 종교 개혁자들이 말한 교회의 표지, 주변에서 볼 수 있는 공동체 또는 모임 등을 보면서 교회의 본질과 크기는 따로 떼어 놓고 논의할 수 없음을 시간이 갈수록 더욱 명확하게 깨닫게 됩니다. 특히 엘리야, 엘리사, 예레미야, 에스겔 같은 선지자들의 메시지와 삶을 보면서, 또 그 반대편에 있던 거짓 선지자들의 메시지와 삶을 보면서, 제가 어떤 길을 걸어가게 될지를, 아니 어떤 길을 걸어가야 할지를 보게 됩니다. 물론 이것은 제 상황에만 해당될 것입니다. 사람마다 주어진 삶의 자리가 있으니까요.

저는 제 삶이 번쩍번쩍해지기를 바라지 않습니다. 제 자리가 높아지는 것도 원하지 않습니다. 제가 감당할 수 없을 만큼 교회가 커지는 것도 원하지 않습니다. 부자가 되는 것도 원하지 않습니다. 그런 기회가 주어진다 해도 저는 그 기회를 잡지 않을 것입니다. 만약 그런 상황이 되면 저 또한 변할 것이 자명하기 때문입니다. 그저 소박하게 주어진 목사의 직분을 감당하며 인간답게 살기를 바랄 뿐입니다.

어떤 분들은 이런 저를 보며 건방지거나 교만하다고 생각하실지도 모릅니다. 그리고 현실을 잘 모른다고 답답해 하실지도 모릅니다. 그런데 아무리 생각해도 하나님이 제게 그런 모습을 요구하실 것 같지 않습니다.

아이들이 이런 상황을 어떻게 받아들이고 있는지 아직 모르지만, 감사하게도 아내는 제 생각에 동의하여 함께 같은 곳을 바라보며 걸어가고 있습니다. 저의 선택을 지켜보며 조언도 해주고, 어려운 현실을 감당하고 있습니다. 앞으로도 감당할 것처럼 보입니다. 물론 상황이 급박하게 변하면 마음이 어떻게 바뀔지 모르겠지만 말입니다.

예전에 첫째가 다른 교회에 다녀오고 나서 이렇게 물은 적이 있습니다. "아빠, 다른 교회는 사람이 많은데, 왜 우리 교회는 우리 가족 빼고는 아무도 없어요?" 당시에는 아이가 어려서 자세한 답을 해주지 못했습니다. 간단한 답도 아니었고요.

자의식이 생기고 난 후 아이들이 경험한 교회는 한솔교회가 유일합니다. 첫째가 만 세 살도 되지 않았을 때 제가 첫 담임 목회를 시작했고, 그 이듬해 한솔교회에 부임해서 지금까지 목회하고 있으니까요. 세 아이는 그렇게 자기도 모르게 한솔교회에 출석하고 있고, 아빠가 목사라는 이유로 당연히 예배에 참여하고 있을 뿐입니다. 그래서 훗날 이 글이 아이들에게 그에 대한 답변이 되기를 바라고 있습니다. 아빠가 어떤 마음으로 10년간 목회해 오고 있는지, 그리고 어떻게 목회를 해왔는지를요!

PART 1

우리 가족은
한솔교회 성도입니다

10여 년의 시간,
누가 오시든 오시지 않든

'한솔교회'는 1987년 6월 17일에 창립 예배를 드린 교회입니다. 「이천 지방 감리교회사」(이천지방사 출판위원회)에 나와 있는 기록을 보면, 한솔교회는 1987년 4월, 이천 시내에 세워졌고, 그때의 이름은 '시민교회'였습니다. 기록 당시(94년 1월)에는 장년 26명, 학생 10명, 어린이 46 명이 있었다고 합니다.

한솔교회가 현재 위치인 이천시 백사면 조읍리로 이전한 것은 2001년도였습니다. 당시 한솔 임대 아파트가 들어서면서 상가 지하에 분양을 받아 들어온 것이지요. 아파트 단지는 언덕 위에 고립되어 있고, 주변에는 논밭 야산(지금은 2,000여 세대의 아파트 단지가 들어올 예정이라 대규모 공사 중입니다), 작은 공장들, 160세대의 빌라가 있습니다.

저는 2012년 9월 26일에 한솔교회로 부임했습니다. 부임 전, 전임 목사님에게 성인 성도 한 분과 학생 몇 명이 있다는 이야기를 들었습니다. 부임하는 날, 감리사님 입회 아래 이임, 부임 결의서를 작성했는데, 그때 할머니 한 분이 교회 안으로 들어오셨습니다. 나중에 알고

성도는 우리 가족뿐입니다

보니 그 할머니가 유일한 성도였고, 목회자가 바뀌는 것을 그날 아셨다고 합니다. 그날 이후 그분은 더 이상 교회에 나오지 않으셨습니다. 연락을 드려 보았지만 갑자기 담임 목사가 바뀐 것에 상처를 받으신 듯했습니다.

10월 첫 주에 부임 후 첫 예배를 드렸습니다. 여섯 명의 아이들이 왔는데, 옆 교회 어린이 예배를 드리고 간식을 받은 후에 한솔교회로 또 간식을 받으러 온 것입니다. 이 시기에 저희 가족은 첫 목회지인 고흥에서 이사를 마치지 못한 상태였고, 한 달여 동안 교회 내부 수리와 정리를 하느라 정신이 없었습니다. 그러다 보니 3주 동안 고흥과 이천을 왔다 갔다 했고, 아이들에게 간식으로 빵과 우유밖에 줄 수 없었습니다. 아이들은 컵라면 같은 것을 원했지만요. 결국 4주째부터는 그 아이들이 보이지 않았습니다.

그러고 나서 얼마 후 이천 지역에 계신 목사님 한 분을 소개받았습니다. 그분 덕분에 실천신학대학원대학교 총장님 담당 간사로 아르바이트를 할 수 있게 되었는데, 그러기 위해서는 그 학교에도 다녀야 했습니다. 교회가 자리 잡는 데 집중하기 위해 아르바이트는 전혀 고려하지 않았는데, 생계 문제로 일을 하지 않으면 안 되는 상황이었습니다. 저는 얼떨결에 학교를 다니게 되었습니다. 그런데 그 아르바이트가 생계 문제를 해결하는 것 외에도 제 사역의 방향을 결정하는 데 중요한 계기가 되었습니다.

2013년 1학기, 학교 수업의 일환으로 지역 조사를 해야 했습니다. 나름대로 설문지를 만들었습니다. 주민들이 교회를 어떻게 인식하고 있는지, 교회가 주민들을 위해서 어떤 일을 하면 좋을지 등에 대해 물었습니다. 아파트 단지 주민들에게 설문지를 돌리려 했지만, 아는 분들이 없다 보니 쉽지 않았습니다. 상가 2층에 자리한 미용실 사장님에게 부탁해서 그곳에 비치해 설문을 받기도 했습니다. 그렇게 스무 명에게 익명으로 설문지를 받았습니다.

설문지의 답변은 충격적이었습니다. 왜 우리 교회에 성도가 없는지, 현실을 마주하게 된 순간이었습니다. 답변에 따르면, 우리 교회는 마을 주민들에게 신뢰를 완전히 잃은 상태였습니다. 두 분은 교회 이미지를 개선하기 위해 교회 이름(당시 은혜교회)을 바꿔야 한다고 하셨고, 한 분은 교회를 매우 신랄하게 비판하시며 제발 아무것도 하지 말아 달라고 말씀하시기도 했습니다. 이천에 부임하고 나서, 지역 목사님들과 상가 사장님들에게 살짝 듣기는 했지만, 그것을 설문지로 직접 확인하니 마음이 어려웠습니다.

'무엇을 할 수 있을까'를 많이 고민했습니다. 일단 교회가 지역 교회임을 알리기 위해 이름을 바꾸기로 했습니다. 아파트 이름을 넣어 '은혜교회'에서 '한솔교회'로 바꾸었습니다. 그리고 목회자가 새로 부임했다는 사실을 알리기 위해 두 번의 집회를 열기도 했습니다. 시내로 나갈 때 버스 정류장에 계신 어르신들을 태워 드리기도 했습니

성도는 우리 가족뿐입니다

다. 한 3년 정도는 규모가 있는 교회를 통해 지역 주민들을 섬기기도 했습니다. 그 외에도 한솔교회 이미지를 개선하기 위해 여러 가지를 시도했습니다. 그리고 마을 주민으로 살아가면서 아파트 주민들과의 관계를 조금씩 개선해 갔습니다. 하지만 그 뒤로도 등록 교인은 없었습니다. 2013년 7월부터 1년 동안 함께 예배한 가정이 있긴 했지만, 그분들이 타지로 이사한 후로는 지금까지 거의 대부분의 시간을 저희 가족만 예배하고 있습니다.

이웃에게 신뢰를 잃은 교회는, 게다가 고립된 지역에 있는 교회는 정말 회복이 어렵습니다. 한 번 무너진 신뢰는 다시 쌓기가 정말 어렵습니다. 마을 주민들과의 관계가 개선되었지만 그것은 교회가 성장하는 것과 별개였습니다. 아마 부임한 교회가 아니고, 개척한 교회였다면 이만큼 어렵지는 않았을 것입니다. 그리고 아파트 단지가 아니고 아예 시골 마을이었다면 훨씬 나았을 것입니다.

고흥에서는 처음에 동네 어르신들이 저를 경계하셨지만, 시간이 지나며 점차 어르신들과 가까워졌습니다. 지금도 몇몇 어르신과는 연락하며 지낼 정도입니다. 하지만 이곳은 아파트 단지라 주민들을 만나기가 상당히 어렵습니다.

그럼에도 한솔교회는 지금까지도 꿋꿋하게 자리를 지키고 있습니다. 참 감사하게도요. 제가 아프거나 외부에서 예배드려야 할 때, 혹은 예배당에 누수 문제가 생겼을 때를 제외하고는 반드시 한솔교회

성도는 우리 가족뿐입니다

예배당에서 매주 예배를 드렸습니다. 누가 오시든 오시지 않든 상관없이 자리를 지켰습니다. 그것이 하나님을 사랑하는 일이고, 예배를 통해 그리스도인으로서의 정체성을 확인하는 것이니까요. 또한 제 아이들에게 예배를 가르칠 수 있는 유일한 시간이었기 때문입니다. 그리고 그렇게 하는 것이 이웃을 사랑하는 길이라 믿었기 때문입니다.

그 시간들이 쌓여 만 10년을 넘어 11년을 향해 가고 있습니다. 어떻게 그 시간을 보냈는지 모르겠습니다. 이렇게 버텨야겠다고 마음먹은 적도 없습니다. 특별한 사명감으로 자리를 지킨 것도 아니었습니다. 다만, 지나고 보니 한 가지는 분명합니다. 그 시간을 보낼 수 있었던 것은 하나님이 제게 베풀어 주신 은혜 때문입니다. 그리고 가족이 함께했기 때문입니다. 그것이 아니었다면 저는 지난 시간을 버틸 수 없었을 것입니다.

"너 그럴 거면
신학대학에나 가지 그러냐!"

제가 목회자가 되기까지 지나온 시간을 반추해 보면, 고등학생 때가 분기점이었습니다. 어쩌면 그때부터 목회자의 길이 시작된 것이 아닌가 싶습니다.

저는 모태 신앙인이었지만 고등학교 3학년 여름 무렵까지는 '못해 신앙인'이었습니다. 당시 출석하던 교회는 개척한 지 얼마 안 된, 외삼촌이 목회하시던 곳이었습니다. 부천에 있는 고등학교에 진학하면서 당진에서 올라오게 되었는데, 사정상 인천 외삼촌 댁에서 1년간 함께 살게 되었습니다. 그러다 보니 자연스럽게 외삼촌 교회에 출석하게 된 것이지요. 고등학교 2학년 때는 부천에 계신 큰고모님 댁으로 이사를 갔음에도 교회는 옮기지 않았습니다.

고등학교 3학년 때 교회 학생부에서 나이가 가장 많다는 이유로 학생부 회장이 됐습니다. 사실 교회를 계속 나간 것도 외삼촌과 어머니 때문이었습니다. 어머니는 저를 키우시면서 한 번도 공부하라고 말씀하신 적은 없지만, 예배를 빠지거나 욕을 하면 엄청 혼내셨기 때문입니다. 혼나는 것도 싫고 어머니를 실망시켜 드리기도 싫어서 교회에 나갔던 것입니다. 그런 제가 학생부 회장이라니요.

그럼에도 책임감 때문에 학생부 활동을 열심히 했습니다. 여름 방학 때였는데 동네의 작은 교회들이 모여 학생부 수련회를 준비했습니다. 저는 학생부 회장이었기에 당연히 참여해야 했습니다. 하지만 문제가 생겼습니다. 담임 선생님이 허락해 주시지 않는 것이었습니다. 당시 제가 다니던 학교는 학생들을 상위권 대학에 보내려고 평일에는 아침 7시까지 등교해서 밤 10시 반까지, 토요일에는 오후 5시까지 공부를 시켰습니다. 방학 때도 예외 없이 오후 5시까지 자율 학습을 시켰고요. 그러다 보니 담임 선생님은 고 3이 무슨 교회 수련회를 가느냐며 반대하신 것입니다. 그런데 저 또한 만만치 않은 성격이라, 편지 한 통을 담임 선생님 자리에 놓아두고 수련회를 갔습니다. 이것은 순전히 책임감 때문이었습니다.

수련회 마지막 날, 기도회가 있었습니다. 무릎 꿇고 기도하기 시작했는데, 기도 시간이 꽤 길어졌습니다. 역시 책임감 때문에 다른 학생들보다 먼저 일어날 수 없어서 계속 기도를 했는데 다리가 저리기 시작했습니다. 그렇게 기도하는 중에 갑자기 〈천부여 의지 없어서〉라는 찬송이 들리기 시작했고 저도 모르게 펑펑 울기 시작했습니다. 그리고 하나님이 살아 계심을 경험했습니다. 이른바 은혜를 경험한 것입니다. 그런데 그 순간 담임 선생님이 수련회를 못 가게 하시며 하신 말씀이 생각났습니다. "너 그럴 거면 신학대학에나 가지 그러냐!" 들을 때는 말도 안 되는 소리라고 생각했는데, 그 순간 왜 그 말이 생각났는지 모르겠습니다. 저는 하나님에게 주님의 일을 하겠다고 서원을 했습니다. 그때만 해도 목회만이 주님의 일인 줄로만 알았습니다.

그 이후 고 3인데도 수요일과 금요일에는 야간 자율 학습까지 빠지면서 교회에 갔습니다. 토요일 오후부터 주일 저녁까지는 교회에서 살았습니다. 그런데 신기하게도 성적이 떨어지기는커녕 오히려 올랐습니다. 그러고 나서 3개월 후, 수능을 봤습니다. 그해 수능은 전년도보다 쉽게 나와서 전체 평균이 전년도보다 40점 가까이 상승했습니다. 저는 평소 점수보다 70점이나 올랐습니다.

집안 형편을 고려해서 감리교 신학대학교 4년 장학생을 목표로 했습니다. 하지만 장손에 대한 기대가 크신 아버지의 반대에 부딪히게 되었습니다. 그리고 담임 선생님과 당시 함께 살았던 큰고모님도 크게 반대하셨습니다. 이렇듯 어른들의 반대로 목표를 수정해야만 했습니다. 다행히 수능 성적이 잘 나왔고, 이 점수로 일반 대학교를 간 뒤에 신학대학원을 가기로 말이지요. 그리고 신학을 공부하기 위해서는 영어 공부를 해 두면 좋다는 외삼촌의 조언에 따라 영문학과에 입학하게 되었습니다.

그런데 그것이 화근이었습니다. 대학교 오리엔테이션에서 술을 배우게 되었고, 이후 과대표도 하면서 당연히(?) 교회 생활에 소홀해

성도는 우리 가족뿐입니다

졌습니다. 입학한 지 6개월이 지나고 나서부터는 교회와 담을 쌓게 되었습니다. 그렇게 7년 반 동안 저는 신앙생활을 하지 않았습니다. 그 7년 반 동안 매우 방탕한 삶을 살았습니다. 휴학과 자퇴, 재입학을 하면서 공부는 전혀 하지 않고, 돈 버는 데만 혈안이 되어 있었습니다. 참 부끄러운 과거입니다. 그럼에도 감사한 것은 간신히 대학교 졸업은 했다는 사실입니다. 그리고 그때 하던 일로 돈을 꽤 벌고 있어서 그 일을 그만두기가 쉽지 않았는데, 졸업과 동시에 그만두었다는 것입니다. 그때가 2006년 1월이었습니다.

7년 반의
방탕 생활을 접다

무사히 대학교를 졸업했지만 앞길이 막막했습니다. 취직도 하지 못했고, 무엇을 해야 할지도 모르는 상황이었지요. 그렇게 한 달 넘게 놀면서 시간을 허비했습니다. 제 상황에 그렇게 시간을 보내면 안 되었지만, 달리 방법이 없었습니다. 그러면서 아르바이트를 구하든가, 예전에 하던 일을 다시 해야 하나 고민했습니다.

어머니는 이런 제 상황이 걱정되셨는지 인천 모교회에 가 보라고 권하셨습니다. 그 교회에 한 성도님이 계시는데, 그분이 국회의원 보좌관 출신으로 발이 넓어서 제 직장을 알아봐 주실 거라고 하셨습니다. 정말 가기 싫었습니다. 교회를 오랫동안 떠나 있었고, 저 자신이 부끄러웠기 때문입니다. 하지만 차마 어머니의 부탁을 거절할 수가 없고 실망시켜 드리고 싶지 않아서 그 교회로 발걸음을 옮겼습니다. 그것도 어머니께 약속한 주일에는 밤새 컴퓨터 게임을 하다가 가지 못했고, 한 주 뒤에나 가게 되었습니다.

예배당에 들어선 순간 숨이 턱 막혔습니다. 다시 나가고만 싶었습니다. 그런데 예배당이 그리 크지 않아서 눈에 띌까 봐 도저히 나갈 수가 없었습니다. 예배가 시작되었는데, 그 자리를 피하고 싶어 안절부절못했습니다. 찬양과 기도 등 모든 것이 어색했습니다. 마음속에서는 '예배 끝나자마자 집에 가야지. 취업은 내가 알아서 하면 되지'라는 속삭임이 계속되었습니다.

설교 시간이 되었습니다. 이런 마음 상태로 설교가 귀에 들어올 리 만무했습니다. 그런데 그 순간 갑자기 제 귀에 한 단어가 꽂혔습니다. "눈동자!" 이와 동시에 갑자기 오싹한 느낌이 들었습니다. 분명한 실체는 없는데, 오직 눈동자만 있어서 옆에서 저를 지켜보는 존재가 있는 듯했습니다. 그런데 그 순간만 지켜본 것이 아니라, 신앙생활을 전혀 하지 않던 7년 반의 그 모든 시간을 한순간도 빼놓지 않고 지켜보고 있었다는 느낌이 들었습니다. (이것은 제 개인적인 체험으로 일반화할 수 없음을 말씀드립니다.)

그때 저는 회심을 했습니다. 도저히 돌이키지 않을 수 없었습니다. 하나님이 한순간도 저를 내버려 두지 않으시고 지켜보고 계셨다는 것이 느껴졌기 때문입니다. 한편으로는 하나님이 두렵고, 하나님에게 죄송했지만, 또 한편으로는 감사했습니다. 그렇게 저는 7년 반의 방탕한 생활을 접고 주님의 품으로 돌아왔습니다. 나중에 알게 된 사실인데, 어머니가 말씀하신 국회의원 보좌관 출신이라는 사람은 사기꾼이었습니다.

예배가 끝나자마자 집으로 돌아가려는 생각을 깨끗이 접고 주일 저녁 예배까지 드리기로 했습니다. 점심을 먹고 오후에는 교회 동생들과 탁구를 쳤습니다. 저녁 예배 시간이 되어 예배를 드리기 위해 성경책이 필요했습니다. 마침 예배당 뒤편에 성경책이 가지런히 놓여 있었습니다. 가장 오른쪽에는 깨끗한 성경책이 있었는데, 왠지 모르게 그 옆에 있는, 크고 손때가 많이 탄 성경책을 집어 들고 싶었습니다. 자리에 앉아 성경책을 펼쳤습니다. 그 순간 저는 또 한 번 깜짝 놀랐습니다. 그 성경책은 제가 고 3 때 사용했던, 하나님에게 서원하고 가장 뜨거웠을 때 사용했던 제 성경책이었습니다. 성경책을 한 장 한 장 넘기면서 과거의 고백을 다시 떠올렸습니다.

그 두 번의 놀라운 사건으로 저는 도저히 과거의 삶을 반복하며 살 수 없었습니다. 그래서 외삼촌과 외숙모께 말씀드려 서울 생활을 청산하고 사택으로 들어가서 함께 지내기로 했습니다. 서울에 남아 있으면 삶이 바뀌지 않을 것 같았기 때문입니다.

일단 사택으로 들어왔지만, 앞으로 무엇을 해서 먹고살아야 할지는 여전히 미지수였습니다. 영문학과 경영학을 복수 전공했지만 토익을 한 번도 보지 않았고, 취업 설명회는 가 본 적도 없기에 어떻게 취업해야 할지도 몰랐습니다. 그러던 차에 패션에 관심 많은 사돈 누나의 번뜩이는 아이디어를 듣게 되었습니다. 그때 제가 가진 것은 열정밖에 없었습니다. 누나에게 사업을 같이 해 보자고 제안했고, 단돈

10만 원을 가지고 동대문에서 물건을 사 와서 인터넷으로 여성 의류를 판매하기 시작했습니다.

이때 저의 일상은 단순했습니다. 새벽 차량 운행 봉사를 하면서 새벽 기도를 드리고, 아침 먹고 잠시 눈을 붙인 후, 물건을 사 오기 위해 지하철로 동대문 시장에 갔습니다. 그리고 다시 인천으로 와서 저녁 7-8시까지 일하는 삶을 살았습니다. 수요일과 금요일에는 기도회에, 토요일에는 청년부 예배에 참석했고, 주일은 온종일 교회에서 지냈습니다. 사업 초기라서 월급도 없고, 몸은 피곤했지만, 정신적으로는 전혀 힘들다는 생각 없이 하루하루를 보냈습니다.

못해 신앙인이 드렸던
서원 기도

바쁜 날들을 보내면서도 어느 순간부터 마음에 부담이 생기기 시작했습니다. 고 3 때 드린 서원이 계속 생각났습니다. 목사님이 사사기 강해를 하셨는데, 입다의 잘못된 서원에 대한 이야기는 안 들리고 자꾸 "서원"이라는 단어에만 귀가 쫑긋해졌습니다. 지역 부흥 집회 때도 강사 목사님의 간증 중에서 '서원'하셨던 이야기만 들리는 등 제 머릿속은 '서원'이라는 단어로만 가득 찼습니다. 이래서는 안 되겠다 싶어 외삼촌께 상담을 요청했습니다. 외삼촌은 제게 개척 목회의 어려움을 말씀하시면서 목회자가 되기보다는 좋은 장로가 되면 좋겠다고 권면하셨습니다. 비록 신앙생활을 제대로 하지 않은 7년 반의 공백이 있었지만 저 또한 외삼촌의 개척 초기부터 지켜보았기에 그 말씀의 의미를 잘 알았고, 그 권면에 수긍하여 다시 일에 매진하였습니다.

　하지만 그것도 얼마 가지 않아 제 마음속은 다시 '서원'이라는 부담 때문에 혼란스러웠습니다. 그래서 저녁 금식을 하며 40일 작정 새벽 기도를 시작했습니다. 그때가 2006년 7월 말이었습니다. 그렇게 하루하루가 지났습니다. 기도를 해도 부담감은 쉽사리 사라지지 않았습니다. 20여 일이 지난 어느 새벽, 목사님은 요나서 본문으로 설교하셨는데, 요나의 이야기를 들으면서 마치 하나님이 저를 다시 부르시는 것 같은 느낌을 받았습니다. 결국 저는 새벽 기도 중에 "하나님 아버지, 당신의 부르심에 순종하겠습니다. 주님의 일을 하겠습니다"라고 고백했습니다. 그 순간 마음에 평안이 찾아왔습니다. 그리고 얼마나 행복했는지 모릅니다. 그때의 감동과 행복은 지금까지 이어져 한솔교회 목회를 지탱하고 있습니다.

참 신기합니다. 마치 우연처럼 보이는 일들이 꼬리에 꼬리를 물어 필연이 되어 지금의 제가 있다는 사실이……. 그때의 사건을 기억하면 저는 하나님을 찬양하지 않을 수 없습니다. 그때 회심하지 않고 방탕했던 때의 삶을 계속했더라면 저는 지금 이 땅에 없을지도 모릅니다. 그래서 더욱 이 모든 것이 하나님의 은혜라고 고백할 수밖에 없습니다. 그렇게 하나님의 은혜를 생각하며 지금도 하루하루 목회자의 길을 걷고 있습니다.

성경을 모르고도
신학대학원에 합격하다니

어릴 때는 교회를 안 가면 엄마에게 혼날까 봐 억지로 나갔습니다. 매주 교회에 갔지만 신앙이 있어 교회를 다녔다고는 볼 수 없습니다. 그저 엄마가 다니시니 저도 따라다닌 것뿐입니다. 교회 학교 때부터 성경 공부도 하고 설교도 들었지만, 성경은 잘 몰랐습니다. 체계적으로 배운 적이 전혀 없었습니다. 당연히 성경 읽는 훈련을 받아 본 적도 없었습니다. 수능을 본 후 신학대학교에 가려고 마음먹었을 때까지도 마찬가지였습니다. 신학대학교 진학을 포기하고 일반대학교에 입학한 후 졸업할 때까지 교회를 떠나 있었기에, 그동안 조금이나마 알고 있던 성경 내용마저 머릿속에서 완전히 지워졌습니다. 그러다 대학 졸업 후 회심하게 된 것입니다.

회심 후 교회로 돌아와, 보고 듣고 경험하는 가운데 신앙생활을 어떻게 해야 할지 고민했습니다. 아주 당연한 것이지만, 그 고민에 대한 답으로 '말씀, 기도, 교회 중심의 신앙생활을 하자'고 마음먹었습니다. 그러다 보니 자연스럽게 말씀을 깊이 알고 싶은 열망이 커졌습니다.

성도는 우리 가족뿐입니다

하지만 너무 바빴습니다. 회심한 직후라 새벽 기도회, 수요 기도회, 금요 기도회, 토요일 청년부 예배, 주일 낮 예배, 주일 오후 예배 등 교회의 모든 예배와 기도회, 그리고 교회의 모든 행사에도 빠지지 않으면서 주중 5일은 동대문 시장을 오가며 물건을 떼러 다녔으니, 따로 성경 공부를 할 시간이 나지 않았습니다. 그저 예배와 기도회에서 듣는 설교에 만족할 수밖에 없었습니다.

그러다가 이제 목회를 하겠다고 마음을 먹었으니 신학대학원에 진학해야 했습니다. 신학대학원 입학 시험을 앞두고 동업하던 누나에게 일을 그만하겠다고 말했습니다. 일하면서는 입시를 준비할 여유가 전혀 없었습니다. 심지어 새벽 기도회 차량 운전까지 하고, 그 와중에 지금의 아내와 연애도 해야 했기에 시간이 너무나 부족했습니다.

퇴사는 11월 중순 이후였고, 입시 전형일은 12월 중순이었기에 준비 기간은 보름에서 20일 남짓이었습니다. 시험 과목은 구약, 신약, 신학, 영어였는데, 얼마 되지 않는 기간에 이 과목들을 준비한다는 것은 거의 불가능했습니다. 그럼에도 열심히 준비하려고 노력했습니다. 구약, 신약 시험 준비를 위해 성경을 읽었고, 신학 시험을 위해「현대 신학의 패러다임」(한국신학연구소 역간)이라는 책을 읽었습니다. 영어 시험을 위해서는 딱히 무언가를 하지 않았습니다. 물리적인 시간이 너무나 부족한 것은 어쩔 도리가 없었습니다.

성경 시험을 위해 성경을 읽어야 했지만 창세기부터 역대상까지만 읽다가 포기했습니다. 그래서 성경 시험 준비는 성경 문제집을 급하게 한 번 푸는 것으로 공부 계획을 바꿨습니다. 신학 시험 관련해서는「현대 신학의 패러다임」을 다 읽기는 했지만 신학에 관한 기본기가 전혀 없었기에 무슨 소리인지 당최 알 수가 없었습니다. 시간은 흘러 전형일이 되었습니다.

신학대학원 입시 첫 시험은 구약이었습니다. 그런데 시험지를 보는 순간 머리가 하얘졌습니다. 충격이었지요. 몇 문제인지 정확히 기억나지 않지만, 확실한 것은 거의 모든 문제가 괄호 넣기였습니다. 성경 구절을 외울 생각도 안 했고, 구약이 어떤 내용인지도 모르는데 괄호를 채운다는 것은 불가능한 일이었습니다. 서너 문제 괄호를 채워 넣은 것으로 기억합니다. 입시를 준비하기 전에는 아브라함과 다윗의 이름만 알았을 뿐 그들이 어느 성경에 기록되어 있는지조차 몰랐습니다. 입시 준비 때문에 역대상까지만 읽은 저로서는 아주 유명한 성경 구절만 알고 있을 뿐 역대하 이후의 내용을 알 리가 만무했습니다.

그래도 신약 시험은 좀 나았습니다. 문제집에서 출제됐는데, 문제집은 한 번 다 풀어 보았고, 다행히 단기 기억력은 나쁘지 않아서 벼락치기 효과를 봤습니다.

신학 시험은 두 문제였는데,「현대 신학의 패러다임」에 나온 내용을 서술하는 것이었습니다. 그 책을 읽으면서도 내용이 잘 이해되

지 않았는데, 다행히 한 문제는 교회에서 들어 본 내용이어서 어설프
게나마 답을 쓸 수 있었습니다. 나머지 한 문제는 횡설수설 썼고요.

두 학교에 원서를 넣었습니다. 감리교 신학대학원과 협성 신학
대학원이었는데, 신기하게도 두 군데 모두 합격했습니다. 당시 영어
점수가 합격선에 못 미친 사람들은 입학 후 영어 수업을 수강하여 시
험을 본 후 패스하는 조건 아래 입학시키는 조건부 입학 제도도 있었
는데, 심지어 저는 그런 조건부 입학도 아니었습니다.

아무리 생각해 보아도 이해할 수 없었습니다. 지금 생각해 보아
도 그렇습니다. 신학대학원 입학 전까지 성경을 한 번도 제대로 읽은
적이 없던 사람이, 성경을 모르고도 신학대학원에 합격하다니 말입니

다. 당시에는 대수롭게 생각하지 않았지만, 시간이 지나며 그때를 돌아볼 때마다 민망함이 가득 밀려옵니다.

2007년 3월, 그렇게 감리교 신학대학원에 입학했습니다. 이제 성경을 배울 수 있다는 기대감이 컸습니다. 그러나 기대와 현실은 너무 달랐습니다. 성경을 배울 수 있을 줄 알았는데, 그보다는 성경을 읽기 위한 배경을 배웠으니까요. 그리고 교회에서 한 번도 듣지 못한 내용들을 배웠습니다. 그러다 보니 학부에서 신학을 전공하지 않고, 뜨거운 열정만으로 신학대학원에 들어온 동기들은 교수님들과 자주 논쟁을 하기도 했습니다. 이런 상황에 무척 혼란스러웠습니다. '나는 무엇을 위해 이 학교에 왔나'라는 생각이 들었습니다. 적응이 안 됐습니다. 그럼에도 그만둘 수가 없어 꾸역꾸역 수업을 들었습니다.

입학하고 얼마 지나지 않아 어떤 형을 알게 되었습니다. 학교에서는 동기들을 몇 개 조로 나누어, 한 개 조에 교수님 한 분을 멘토로 연결하여 교제하게 했는데, 그때 같은 조에 속해 있던 형이었습니다. 이 형은 기숙사에 살았는데, 그곳에서 동기들을 대상으로 성경을 가르친다는 소식을 듣게 되었습니다.

어느 날, 이 형과 길게 이야기할 기회가 생겼습니다. 제가 알아듣지 못하는 수많은 이야기를 제게 쏟아냈습니다. 당시 기억나는 키워드는 '신천지', '교황 제도', '아르미니우스주의', '요한계시록' 등이었습니다. 이 형이 참 신기했습니다. '도대체 이 형은 공부를 얼마나 한 것인가. 성경을 어떻게 공부했나. 어떤 책으로 성경을 연구했나.' 나중에 알게 된 사실인데, 이 형은 라디오에서 어느 목사님의 요한계시록 강의를 듣게 되었고, 그 강의에 충격을 받아 그 목사님이 진행하시는 성경 통독 강좌를 듣고 성경을 열심히 연구했다는 것입니다. 그래서 저도 그 목사님이 하시는 강의에 호기심이 생겼습니다.

그러나 호기심을 실천으로 이어 가기에는 제 현실이 몹시 바빴습니다. 신학대학원을 다니면서도 매일 새벽 기도회 차량 운행을 해야 했으니까요. 새벽 4시에 일어나서 씻고 준비한 후 차량 운행을 나갔습니다. 새벽 기도회가 끝나고 집에 와서 시계를 보면 6시가 훌쩍 넘어 있었습니다. 간단히 아침을 먹고 7시가 조금 넘어서 학교에 가기 위해 다시 집을 나섰습니다. 수업이 끝나고 집에 와서도 발제 준비, 과제 준비로 바빴고, 수요일과 금요일에는 기도회에 참석해야 했습니다. 이런 바쁜 일상에서 도저히 성경 공부를 위해 시간을 낼 수가 없었습니다.

<u>무릎 수술을</u>
<u>받다</u>

정확한 시기는 잘 기억나지 않지만, 초등학교 1학년 때쯤 친구와 놀다가 무릎을 다쳤습니다. 그 후 몇 년 동안은 다리를 많이 절었습니다. 당시만 해도 주변에서는 제가 평생 다리를 절 것이라고 이야기할 정도였습니다. 하지만 신기하게도, 6학년 때쯤 거의 회복되었습니다. 참 감사한 일이지요.

그러나 고등학교 1학년 때 오른쪽 무릎 연골이 파열되는 일이 벌어졌습니다. 야간 자율 학습을 하기 전에, 잠시 운동장 벤치에서 친구와 대화 중이었는데, 제 앞으로 축구공이 날아왔습니다. 저는 그 공을 바로 받아 찼는데, 그 순간 무릎에 통증을 느꼈습니다. 그때부터 제대로 걸을 수가 없었습니다. 훨씬 나중에 알게 된 사실이지만, 초등학교 때 다친 영향으로 무릎이 살짝 변형되고, 그것이 연골 파열로 이어진 것이었습니다.

인천에 있는 큰 병원에서 찢어진 연골 제거 수술을 받아야 했습니다. 관절 내시경을 통해 제거했는데, 그때는 한창때라 회복도 빨랐습니다. 그 이후에 살을 뺀다고 농구를 열심히 할 정도로 회복되었으니까요. 그럼에도 연골 파열은 군 면제 사유가 되었습니다.

20대 청년 시절에는 무릎 때문에 힘든 적이 없었습니다. 많이 무리했을 경우에나 조금 아팠을 뿐, 일상생활을 하는 데는 전혀 지장이 없었습니다. 그런데 어느 순간 무릎에서 통증이 느껴지기 시작했습니다. 회심하고 나서 1년 반 정도 지났을 때였고, 아내를 만난 지 1년 정도 되었을 때였습니다. 그리고 결혼식을 3개월 정도 남겨 둔 시점이었지요.

그냥 검사나 해보려고 병원에 간 건데, 의사는 MRI 결과를 보더니 수술을 권했습니다. 오른쪽 무릎에 연골이 반이나 없다 보니 저도 모르게 왼쪽 무릎을 많이 썼고, 그 결과 왼쪽 무릎 연골이 닳아서 통증을 유발한다는 것이었습니다. 더 닳지 않도록 보강하는 수술을 하면 좋겠다고 권했습니다. 심지어 이런 수술은 젊을 때 해두는 것이 좋다고 하면서요. 저는 그저 전문가인 의사의 말을 신뢰할 뿐이었습니다.

그런데 여기에는 세 가지 문제가 있었습니다. 첫 번째는 보험이 안 되는 수술이라 비용이 엄청 많이 나올 것이라는 점이고, 두 번째는 오른쪽 무릎에는 작은 뼛조각이 돌아다녀서 그것을 제거하려면 양 무릎을 함께 수술해야 한다는 점이었습니다. 그리고 세 번째는 결혼식을 3개월 앞두었다는 것입니다. 하지만 수술하지 않으면, 갈수록 안좋아질 거라고 하니 비용이 많이 들더라도 수술을 할 수밖에 없었습니다. 결국, 결혼식 3개월 뒤로 수술 날을 잡았습니다.

2008년 1월, 그날이 왔습니다. 양 무릎 수술을 받고 5일간 입원 생활을 한 뒤 퇴원을 했습니다. 수술비는 600만 원 정도 나왔습니다. 당시 아내는 임신 3개월이었는데, 저 때문에 아내가 고생을 많이 했습니다. 저는 몇 개월 동안 휠체어와 목발 생활을 해야 했습니다. 재활 치료를 하면서 보조 기구의 도움 없이 다시 걸을 수 있게 되었고요. 그런데 수술을 하면 금방 나을 줄 알았던 무릎이 왠지 그대로인 것처럼 느껴졌습니다. 계속 고민하다 실력이 좋다는 동네 정형외과에 가 보았습니다. 아⋯⋯, 그때 들었던 의사 선생님의 말씀은 그야말로 충격이었습니다.

"(엑스레이를 보시며) 선생님, 어디서 수술하셨지요?"

"연수구에 있는 ○○병원이요."

"음⋯⋯ 그 병원에서 한때 이 수술을 많이 했는데, 수술하신 분들 예후가 별로 좋지 않아요. 보험도 안 돼서 비용도 많이 들었을 텐데, 안타깝네요."

나중에 알고 보니, 제가 수술받은 때는 그 수술이 막 도입되던 시점이었고, 그러다 보니 건강보험공단에서 보험 적용을 해주지 않았던 것이었습니다. 게다가 효과도 장담할 수 없는 수술이었고요. 저는 화가 나서 비용 문제로 건강보험 심사평가원에 문제를 제기했지만 결과는 1만 원 정도 환급받는 것으로 마무리되었습니다. 사실 그 수술을

성도는 우리 가족뿐입니다

하면서 날린 시간과 비용, 저와 가족들이 겪은 수고와 고통을 생각하면 너무나 속상합니다. 하지만 그 수술은 제 목회 여정에서 매우 결정적인 사건을 경험하게 해주었습니다.

두 번째

회심

저는 양 무릎 수술로 자유롭게 거동할 수가 없었습니다. 외출이 쉽지 않으니 제가 할 수 있는 것은 공부밖에 없었습니다. 답답하긴 했지만, 이참에 성경을 읽어 보기로 마음먹었습니다. 신학대학원생인데도, 어떻게 성경을 읽어야 할지 모른다는 사실이 그동안 민망하고 부끄러웠거든요.

그때 생각난 책이 「어? 성경이 읽어지네」(성경방)입니다. 예전에 저자의 강의를 듣고 사 둔 것이 기억났습니다. 그 책의 도움을 받아 성경 2독을 했습니다. 그 과정에서 성경 읽는 방법에 대해 감을 잡기 시작했고, 성경 전체 흐름을 파악할 수 있었습니다. 그럼에도 저는 조금 아쉬웠습니다. 뭔가 부족한 느낌이 들었습니다.

시간이 지나면서 무릎도 회복되기 시작했습니다. 휠체어를 타고 이동하던 것에서 양 목발을 짚고 이동할 만큼이 되었습니다. 머지않아 한쪽 목발만 사용했고, 마침내 목발 없이 두 발로 걸을 수 있게 되었습니다. 무릎 수술로 1년간 휴학 중이었는데, 복학 전에 꼭 듣고 싶은 강의가 있었습니다. 대학원에서 만난 형이 들었다던 그 강의였습니다.

그런데 이때쯤, 신기한 일이 있었습니다. 아내의 작은아버지께서 저에게 들어보라며 MP3 파일 하나를 주셨는데, 들어 보니 제가 듣고 싶어 하던 그 강의였습니다. 파일로 그 강의를 듣다가 직접 듣지 않으면 안 될 것 같은 마음이 들었습니다. 그동안 성경 2독을 하며 느낀 아쉬움을 달랠 수 있을 것 같은 기대감도 생겼습니다.

강의가 시작되는 날이었습니다. 기대하는 마음으로 6시간 가까이 걸려 강의 장소로 갔습니다. 300명이 넘는 사람이 모였습니다. 그 많은 사람이 강의를 들으러 산골까지 왔다는 것이 신기했습니다. 드디어 4박 5일간의 강의가 시작되었습니다. 첫날은 오후 2시에 시작하여 밤 11시까지, 둘째 날부터 넷째 날까지는 새벽 5시부터 밤 11시까지, 마지막 날에는 새벽 5시부터 오후 5까지, 식사 시간 30분을 제외하고는 성경 통독만 했습니다. 빠르게 낭독하는 CD로 성경 각 권을 들려주고, 성경을 개관하는 방식이었습니다.

둘째 날까지는 적응하는 게 쉽지 않았습니다. 그럼에도 성경을 읽는 기쁨과 성경 내용을 배우는 기쁨이 매우 컸습니다. 셋째 날, 요나서로 시작한 예언서 강의는 제게 큰 충격을 주었습니다. 망치로 머리를 두드려 맞는 느낌이었습니다. 그 강의를 들으며 통곡했습니다. 그 예언자들의 외침 속에 담겨 있는 하나님의 사랑을 발견하고 통곡

하지 않을 수 없었습니다.

저는 두 번째 회심을 경험했습니다. 첫 번째 회심은 하나님에게로 돌이킴이었다면, 두 번째 회심은 성도로서, 목회자로서 어떻게 살아야 하는지를 심각하게 고민하는 것이었습니다. '나는 그동안 무엇을 읽어 왔는가'를 돌아보고, 하나님을 매우 오해하고 있었음을 뼈저리게 반성하는 시간이었습니다. 그동안 내가 읽고 싶은 대로 성경을 읽고, 보고 싶은 대로 성경을 보았음을 반성했습니다. 성경을 너무 편협하게 읽어 온 저 자신을 보게 된 것입니다. 그리고 성경을 너무 단순하게 읽었다는 것을 깨달았습니다.

그 의사를
만나지 않았더라면

그 강의 이후 제 삶은 완전히 바뀌었습니다. 성경을 읽는 관점이 바뀌니 가치관이 바뀌고 당연히 삶의 방향도 바뀌게 되었습니다. 처음에는 너무 급작스러운 변화에 아내가 당황하기도 했습니다. 원래 저에게는 하나님에게 영광을 돌리겠다고 하며 겉으로 보이는 성공을 지향하는 모습이 있었는데, 그때 이후로는 그런 생각이 산산조각 났으니까요. 그렇다고 주어진 삶에서 최선을 다하지 않겠다는 것은 아니었습니다. 단지, 허락된 상황에서 올바른 방향이 무엇인지 고민하며 목적을 위해서 수단을 무시하는 삶을 살지 않겠다고 방향을 수정했을 뿐입니다.

그러한 변화 때문에 농촌에서 개척하겠다는 마음을 먹고 고흥으로 가게 되었습니다. 시골 마을에서 몇몇 가정과 귀농 기독교 공동체를 이루며 사는 것으로도 행복할 것 같았습니다. 물론 1년 반 만에 이천으로 올라와야 했지만 말입니다.

이천에 와서도 10년 넘게 목회하는 동안, 겉으로는 전혀 변화된 것이 없습니다. 중간에 약간의 변화가 있기는 했지만, 2012년 10월 이천에 왔을 때와 지금을 비교해 보면 교회 상황도 같고 집의 경제 상황도 같습니다. 다만, 저와 아내가 그때보다 나이를 먹었고, 막내가 생겼으며, 아이들이 자랐을 뿐입니다.

그러나 내면은 그때보다 많이 단단해져 있음을 느낍니다. 겉으로 변화가 없고 오랫동안 그대로이기에 스스로 위축되지 않을까 싶은 적도 있었지만, 아직까지는 참 신기하게도, 그리고 감사하게도 그것이 힘들게 느껴지지 않습니다. 오히려 이렇게라도 살 수 있어 감사할 뿐입니다.

어느 날 그런 생각이 들었습니다. '2007년 여름에 그 의사를 만나지 않았더라면 어땠을까?' 그 의사는 병원 이익에 충실해서 과잉 진료를 하고, 제게 금전적으로, 육체적으로 고통과 피해를 주었지만, 아이러니하게도 저는 그때 그 수술 때문에 성경을 읽게 되었고, 삶의 방향이 완전히 바뀌었습니다.

수술 직후, 그리고 몇 년 동안 그 의사와 병원을 원망하기도 했습니다. 하지만 시간이 지나고 그 상황을 다시 돌아보니 원망은 사라지고 오히려 감사만 남게 되었습니다. 그리고 억울한 일을 당하는 과정에서도 하나님의 은혜를 경험한 요셉 이야기를 설교하며 이런 마음이 들었습니다.

'의사와 병원은 나를 이용해 돈을 벌었겠지만, 하나님은 그것을

선으로 바꾸셔서 내가 하나님을 알게 하시고 내 삶의 방향을 완전히
바꾸게 하셨다.'

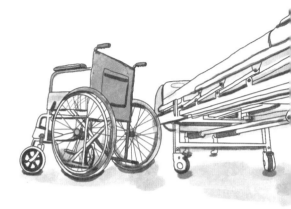

고흥에서의
험난한 개척 허가

저는 신학대학원 동기들보다 목사 안수를 3년이나 늦게 받았습니다. 1년은 무릎 수술을 받느라 휴학을 해야 했고, 2년은 개척 허가가 나지 않아서 교단에 적을 두지 않은 채 목회했기 때문입니다.

신학대학원에 입학할 때부터 개척을 염두에 두었고, 고흥에서 귀농 기독교 공동체를 하겠다고 열 가정이 마음을 모았기에 고흥 어느 곳에서 교회를 시작할지 알아보았습니다. 그때가 2010년 여름이었습니다.

사실 태어나서부터 그때까지 고흥은커녕 전라도에는 한 번도 가본 적이 없습니다. 그러니 전라도에 대해서 아는 것이 전혀 없었지요. 그런 곳에서 개척하겠다고 마음먹다니, 지금 생각해도 참 무모합니다. 그럼에도 성경을 공부하며 배운 대로 살아보겠다는 열정이 있었기에 거침이 없었습니다.

개척을 해야 하는데, 대체 어떻게 해야 할지 전혀 몰랐습니다. 고흥 어느 곳에 개척을 해야 할지도 정하기가 어려웠습니다. 교단에 허가받는 과정은 담임 목사님에게 여쭤 보면 될 일이었지만, 어디에 개척할지는 계속 고민되었습니다. 일단은 고흥에 있는 감리 교회 상황부터 알아보아야겠다고 생각했습니다.

2010년 7월에 귀농 기독교 공동체를 위한 첫 모임이 있었습니다. 당시 그 모임을 주도하던 전도사님이 이미 정착할 지역(당곡 마을)에 땅을 사 놓으신 것이 계기가 되어 그 마을에서 열 가정이 처음으로 모인 것이었습니다. 온라인에서 이미 활발하게 논의하고 있었고, 그곳에서의 제 역할도 결정되었습니다. 그곳에 먼저 내려가 교회를 개척하여 다른 가정들이 내려올 수 있도록 기틀을 닦는 일이었습니다.

첫 모임이 끝나고, 저는 전도사님과 함께 당곡 마을에서 가장 가까운 감리 교회를 찾아갔습니다. 수박 한 통 사 들고요. 그리고 그 교회 목사님에게 자초지종을 말씀드렸습니다. 목사님은 저희를 환영해 주시면서 이곳저곳을 추천해 주셨습니다. 참 감사했습니다. 그 조언을 참고로 지역 몇 군데를 가 보았습니다. 그 후 전도사님과 마을 공동체 구성원들과 함께 논의를 거쳐, 우리가 살기로 터를 잡은 마을 내에 교회를 세우자고 의견을 모았습니다. 당시 공동체가 매입한 가건물이 있었는데, 그곳을 예배당으로 하기로 했습니다. 하지만 공동체의 소유였기에 교회가 임대하는 형식을 취하기로 했습니다.

그 후 담임 목사님의 조언에 따라 고흥이 속해 있는 지방회 선교부 총무님에게 연락을 드리고 관련 서류를 메일로 제출했습니다. 당연히 긍정적인 답변을 기대했습니다. 시간이 조금 지나 받은 답변은 예상밖이었습니다. 이 개척 건을 지방회에 보고했는데 반려되었다는 것입니다. 그러면서 대뜸 이렇게 말씀하셨습니다.

"아니, 김 전도사는 도대체 일 처리를 왜 그렇게 하는 거야? 개척할 거면 일단 학교 선배는 누가 있는지부터 알아보고 연락했어야 할 거 아니야? 1월 초 신년 하례회 때 지방 실행부 위원회(일종의 상임 위원회)를 열기로 했는데, 그때 다시 논의하기로 했으니 그때 내려와."

영문을 알 수 없는 답변에 어리둥절했습니다. '내가 일 처리를 뭘 잘못한 거지? 목사님 말씀대로 절차에 따라 선교부 총무님에게 연락을 드리고 서류를 보낸 건데. 그리고 웬 학교 선배? 내가 학교 선배를 어떻게 알고.' 저는 감리교 신학대학교 신학부 출신이 아니고 일반대학교 출신이라 선배님들을 전혀 몰랐습니다.

해가 바뀌어 2011년 1월 초가 되었습니다. 의문을 품고 선교부 총무님이 오라고 하신 순천으로 향했습니다. 순천에 도착하니 선교부 총무님이 나와 계셨고, 저를 어딘가로 데리고 가셨습니다. 그곳은 어느 교회였는데, 그곳에는 몇 분의 목사님이 계셨습니다. 그리고 그 자리에서 저는 그분들에게 타박을 들으며 개척 허가가 반려된 이유를 알 수 있었습니다.

개척 허가가 반려된 이유는 바로 지난여름에 문의하러 찾아뵀던 그 목사님의 반대 때문이었습니다. 그런데 반대하신 이유를 전혀 알 수 없었습니다. 제가 개척할 교회와 그 목사님의 교회는 같은 면에 있을 뿐 직선거리로는 무려 3킬로미터 넘게 떨어져 있기에 거리 때문은 아닌 것 같았습니다. 지금도 여전히 정확한 반대 이유는 모릅니다. 다만 그 지역을 관할하는 감리사가 왜 반대했는지는 나중에 들어 알게 되었습니다.

전라도 전체에 감리 교회가 270군데 정도밖에 없습니다. 제 고향 당진과 강화도에 감리 교회가 100군데 가까이 있고, 이천시만 하더라도 90군데가 넘는 깃에 비하면 감리교단 입장에서 전라도는 척박한 곳입니다. 이런 상황에서 전라도, 그것도 완전 시골에 감리 교회를 개척한다고 하면 적극적으로 지원해 주고 도와주어도 모자랄 것 같은데, 개척 허가조차 나지 않는 현실이 너무나 씁쓸했습니다. 사실 지방회의 지원을 요청하지도 않았고, 단지 그곳에서 평생 살 테니 개척 허가만 내 달라고 요청했을 뿐인데 말입니다.

그렇게 선배님들의 타박을 듣고, 신년 하례회에 참석하기 위해 고흥 녹동에 있는 한 교회로 향했습니다. 신년 하례회 후에 지방 실행부 위원회가 열리고, 그 위원회에서 저와 개척하려던 한 분의 다른 목사님을 면접한 후 개척 여부를 다시 결정한다고 했습니다. 마침 신기하게도 그해에만 저를 포함하여 두 교회가 개척을 신청했습니다. 근 몇 년 동안 외부에서 그 지역에 개척 신청을 한 사례가 전혀 없었는데 말입니다.

예배와 식사가 끝나고 드디어 지방 실행부 위원회가 열렸습니다. 저와 그 목사님에게 왜 개척하려고 하느냐, 왜 하필 시골에서 하려고 하느냐, 단순히 안수만 받고 가려는 것이 아니냐 등, 이것저것을 질문했습니다. 저는 차분히 대답했고, 밖에서 잠시 대기하며 결과를 기다렸습니다.

지방 실행부 위원회에서 여러 의견이 오고간 것 같습니다. 하지만 두 교회 모두 반려되는 것으로 결정났습니다. 개척 허가가 나지 않은 것입니다. 두 교회 모두 보증금이 부족하다는 이유에서입니다. 사실 이것은 드러난 이유일 뿐이고, 진짜 이유는 따로 있었는데 그 이유를 도무지 납득할 수가 없었습니다. 시간이 지난 지금도 납득할 수 없지만, 그저 하나님의 섭리로 받아들이고 있을 뿐입니다.

당시 교회가 공동체로부터 임대하는 형식으로 가건물을 빌렸는데, 보증금 500만 원에 월세 25만 원으로 계약서를 썼습니다. 그리고 순천 시내에 개척하려는 다른 교회는 보증금 500만 원에 월세 70만 원 정도였습니다. 당시 제가 개척하는 것을 반대하는 분들과 다른 목사님의 개척을 반대하시는 분들이 대립하게 되었고, 조건상 두 교회가 별반 다를 것이 없으니 논의 끝에 모두 반려한 것으로 보입니다.

그러고는 조건 하나가 붙었습니다. 보증금 2,000만 원을 만들어 오라는 것이었습니다. 그래야 안수만 받고 떠나지 않을 것이라 생각했는지 모르겠습니다. 어쨌든 2,000만 원을 만들어 다시 계약을 하고

성도는 우리 가족뿐입니다

새로 작성한 계약서와 함께 서류를 제출하면 개척을 허가해 주겠다고 공지했습니다.

실행부 위원회에서 면접을 보며 이런 내용을 들었습니다. 당시 지방회 내에 자체 내규를 만들었는데, 교회 개척을 위해서 5,000만 원이 필요하다는 것이었습니다. 개척하고 나서 안수만 받고 갈까 봐 만들어 놓은 내규라고 했습니다. 물론 그런 상황은 이해되었습니다.

당시 감리교단에서는 목사 안수를 받으려면 반드시 단독 목회를 해야 했습니다. 규모가 있는 교회에서 수련 목회자(장로 교단의 강도사 또는 전임 전도사)를 하며 3년 동안 매년 치르는 시험에 통과한 후, 단독 목회 임지가 있어 1년간 목회를 해야 했습니다. 아니면 시작부터 개척을 하든 임지가 있든 3년간 단독 목회를 하며 매년 시험에 통과해야 목사 안수를 받을 수 있었습니다. 여기서 핵심은 단독 목회 임지가 있어야 한다는 것입니다.

전라도 지역은 감리교단 교세가 약하다 보니 이곳에서 3년간 단독 목회를 한 후에 안수만 받고 수도권으로 임지를 옮기는 경우가 많았습니다. 그런데 제가 개척할 무렵 큰 문제가 하나 발생했는데, 전라도의 한 지역에서 어떤 목사가 개척을 하고 3년만 목회한 후, 안수를 받아 다른 지역으로 이동하면서 교회를 폐지한 것입니다. 그 과정에서 해당 지역 감리사가 관여하면서 감리사도 사임한 사태가 있었습니다. 어쨌든 이 문제가 불거져서 자체 내규를 만든 것이었습니다.

그럼에도 제 상황에서는 아무리 생각해도 이해할 수 없는 처사였습니다. 하지만 어쩔 수 없이 그 자리를 떠날 수밖에 없었습니다. 교회 건물이 공동체의 소유였기에 감리교단 유지 재단에 편입시킬 수 없었고, 그렇다고 2,000만 원을 당장 만들 수도 없었습니다. 또한 그렇게까지 해서 교단에 들어갈 이유도 없다고 판단했습니다.

그렇게 시간이 흘러, 결국 개척 허가를 받지 못한 채 2011년 4월 13일, 인천에서 고흥으로 이사를 하게 되었습니다. 귀농 기독교 공동체에서 평생 살겠다는 마음으로 모든 것을 걸고 내려갔습니다. 개척 여부가 중요했지만, 그보다는 고흥에 내려와 사는 것이 사명이라고 생각했습니다.

사실 고흥에서 개척한다고 했을 때 아내를 포함한 주변의 모든 사람이 반대했습니다. 저 혼자 고흥에 내려가 귀농 목회를 하는 것이 하나님의 뜻이라 확신하고 아내를 6개월 동안 설득해 내려간 것입니다. 그런데 개척이 허락되지 않으니 무척 답답했습니다. 그럼에도 고흥으로 내려가 귀농 기독교 공동체를 이루겠다는 마음은 변하지 않았습니다. 그렇게 온 가족이 고흥으로 내려갔습니다.

고흥에서의 삶은 행복했습니다. 마을 주민들과도 금방 가까워졌습니다. 처음에는 마을 어르신들이 젊은 사람이 시골까지 왜 내려왔느냐며 의심의 눈초리로 보시기도 했습니다.

제가 내려간 후, 그해에만 마을에서 일곱 분이 돌아가셨는데, 마을에는 누군가가 돌아가시면 발인하는 날에 운구차가 마을로 들어와 유가족들이 마을 어르신들을 대접하고 어르신들은 조문하는 문화가 있었습니다. 아내는 둘째를 업고 저와 함께 음식을 나르고, 그릇을 치우는 일을 하면서 어르신들을 섬겼습니다. 가을걷이를 할 때는 저희 트럭을 가지고 도와드렸습니다. 이렇게 하니 마을 어르신들과 금세 가까워졌습니다.

고흥에서의 삶은 순탄하게 느껴졌습니다. 전라남도와 고흥에서 진행하는 프로그램에도 참여하며 지인들도 늘어 갔습니다. 다만, 교단에서 개척 허가가 나지 않아 목사 안수가 늦어질 뿐이었습니다.

고흥을
떠나다

선배님 몇 분이 목회 현장을 방문하시고 개척 허가가 나도록 애써 주셨음에도 지방회에서 요구하는 조건을 채우지 못했습니다. 저도 굳이 그렇게까지 해서 교단의 허락을 받고 싶지는 않았습니다. 그래서 감리교단을 떠나 독립 교단으로 갈 생각도 했습니다. 고흥에서 함께하기로 한 분들이 다양한 교단 출신이기에 제 교단 배경은 별로 중요하지 않았습니다. 이렇게 개척 허가가 나지 않은 상태로 한 해 동안 교회와 공동체 내에서 제 역할을 하며 열심히 살았습니다.

이듬해 2월부터 두 가정이 공동체에 합류했습니다. 그분들이 마을로 완전히 이사한 것은 아니었지만 고흥 근처에 사셨기에, 함께 예배하기로 한 것이었습니다. 그리고 총 네 가정이 함께 예배하면서 저와 한 전도사님이 공동 목회를 하게 되었습니다. 한 주는 제가, 또 한 주는 그분이 예배를 인도하며 설교하기로 결정했습니다.

그렇게 주일에 함께 모여 예배하고, 애찬을 나누고, 오후에는 함께 농사를 짓거나 공동체 일을 하는 등 행복한 시간을 보냈습니다. 하

성도는 우리 가족뿐입니다

지만 함께 예배하며 알게 되는 것들도 있었습니다. 하나의 방향을 지향해서 모인 사람들이기에 같은 가치관을 가지고 있을 거라 생각했고, 그것을 실행하는 방법에서도 같을 것이라 생각했지만 그렇지 않다는 것을 시간이 지나면서 느끼게 되었습니다. '아, 같은 사안을 두고서도 이렇게 생각이 다를 수가 있구나.'

그럴 즈음 이제 교단을 떠나 독립 교단으로 가야 할지, 아니면 교단에 남아야 할지를 결정해야 했습니다. 목사 안수와도 관련된 문제였기 때문입니다. 많은 고민 끝에 감리교단에서 교회를 설립하고 안수받는 것으로 결정했습니다. 감리교단이 아닌 독립 교단에서 목사안수를 받는 것에 대해서 주변 분들의 만류가 있었고, 양가 부모님, 친지 모두 감리교단 소속이었기에 교단을 쉽게 떠날 수가 없었습니다. 또한 당시 저를 도와주신 교회가 모두 감리교단 소속 교회였습니다. 하지만 무엇보다 고흥 지역에서 감리교단은 이단으로 인식되기도 하는데, 독립 교단이라고 하면 더 그렇게 보지 않을까 우려되었습니다. 그런 모든 상황을 고려하여 결정을 내렸습니다.

그래서 지방회의 요구에 따라 2,000만 원을 만들어야 했습니다. 그 상황에서 어쩔 수 없이 편법을 쓰려고 했습니다. 물론 나중에 문제가 생기면 제가 책임질 수 있는 선이었습니다. 그리고 연회(지방회 상위 행정 기관)의 행정 처리 기한에 맞추어 빨리 진행하기 위해 이런 상황을 공동체에 알려 의견을 구했습니다. 공동체 구성원들 사이에서 여러 의견이 오갔고, 그중 평소 저와 갈등이 있던 가정의 비난을 사게 되었습니다. 비록 비난이었지만 그 비난 덕분에 저는 편법을 쓰려고 한 것을 뼈저리게 반성하게 되었습니다. 하나님이 편법을 싫어하심을, 결과보다 과정이 중요함을 다시 깨닫게 되었습니다. 결국 처음에 제안한 편법을 포기하고 다른 방법들을 제안했는데, 이 중에서 최종안이 결정되었습니다. 당시 살고 있던 마을에서 그리 멀지 않은 벌교에 교회 개척을 하되, 모든 과정과 비용은 제가 책임지기로 한 것입니다.

최종안대로 교회 설립을 위한 예배당 문제는 해결되었지만, 다른 문제가 남아 있었습니다. 바로 교회를 어떻게 운영할 것인가와 관련된 문제였습니다. 의견을 교환하는 과정에서 서로의 생각 차이가 생각보다 크다는 것을 알게 되었습니다. 그 다름을 확인하는 과정에서 마음이 참 아프고 괴로웠습니다. 결국 그 차이는 극복되지 못했고, 저는 그 공동체의 안녕을 기도하며 떠나기로 결정했습니다.

성도는 우리 가족뿐입니다

고흥 목회가
내게 꼭 필요했던 이유

고흥을 떠나기로 결정한 후 어떻게 살아야 하나 막막했습니다. 평생 살기 위해 인천에서 모든 것을 걸고 고흥으로 온 건데, 불과 1년 반 만에 고흥을 떠나야 하다니 말입니다. '하나님은 왜 나를 고흥으로 오게 하셨을까?', '내 욕심이었나?', '하나님이 전라도 땅으로 보내셨으니 광주에서 개척을 해야 하나?' …… 여러 가지 생각이 머릿속에서 떠나지 않았습니다. 정확히는 지난 일들이 해석되지 않았습니다.

어쨌든 고흥을 떠나 광주광역시에 개척해야겠다고 마음먹고 공동체에는 언제까지 고흥을 떠나겠다고 알렸습니다. 그리고 살던 집과 땅을 처분해 달라고 요청했습니다. 잠자리에 누워 아내에게 말했습니다. "여보, 공동체에 알렸으니 이제 한 달 반 정도 기간 안에 우리는 여기를 떠나야 해. 개척을 해야 할 텐데 어떻게든 되지 않겠어? 내가 알아볼게. 다만, 혹시 그 안에 하나님이 우리를 어디에라도 보내시면 감사한 마음으로 가자. 비록 섬일지라도 말이야." 말은 이렇게 했지만, 잠이 잘 오지 않았습니다. 거의 뜬눈으로 밤을 지새웠습니다.

다음날 아침, 약속이 있어 순천 시내로 나가는데 전화벨이 울렸습니다. 바로 외숙모님이었습니다. 전화기 너머로 들려온 외숙모님의 이야기를 듣고 저는 놀랄 수밖에 없었습니다. 외숙모님은 이천에 목회지가 하나 있는데, 생각이 있느냐며 제 의사를 물어보셨습니다. 사실 이해할 수가 없었습니다. 저는 이미 외삼촌, 외숙모님에게 개척할 거라 말씀드린 적이 있고, 무엇보다도 두 분은 제 성향을 잘 아시기에 제가 개척할 거라고 분명히 생각하셨을 것입니다. 그런데 외삼촌의 동기 모임에 가셨다가 임지가 있다는 소식을 들으시고 혹시나 하는 마음에 전화를 하신 것입니다. 심지어 부임 조건도 당시 교단 상황에 비추어 보면 믿을 수 없을 정도였습니다. 처음에는 혹시나 사기가 아닐까 의심이 들어 등기부등본까지 확인했으니 말입니다.

그 다음날, 저는 부모님을 모시고 무작정 이천으로 올라와 그 교회 전임 목사님을 만났습니다. 목사님에게 교회 상황을 자세히 들었고, 그 자리에서 제가 한솔교회(당시 은혜교회)로 오겠다고 말씀드렸습니다. 그리고 그날 바로 이사할 집을 알아보았지요. 저녁 늦게야 간신히 집을 구했습니다. 그렇게 갑작스럽게 이천으로 가는 것이 현실화되었습니다. 그리고 9월 26일, 감리사님 입회하에 정식으로 부임 서류를 작성하게 되었습니다.

사실 교단 상황으로 따지면 정말 기적 같은 일이 제게 일어난 것입니다. 부임하고 보니 비록 성도는 없고 예배당은 지하였지만, 월세

성도는 우리 가족뿐입니다

가 아닌, 건물을 가지고 있는 교회를 오게 된 것은 정말 믿기지 않는 일이었습니다. 게다가 고흥을 떠나겠다고 공동체에 공지한 다음날 아침, 연락이 와서 이렇게 바로 오게 되다니요.

이천에서 새로운 생활을 하며 지난 시간을 돌아보니 과거 사건들이 하나씩 해석되기 시작했습니다. 특히 왜 개척 허가가 나지 않았는지, 그것도 말도 안 되는 이유로 말입니다. 이 부분이 도무지 납득이 안 되었는데, 어느 순간 문득 하나님이 막으셨다는 생각이 들었습니다.

고흥에서 개척하겠다고 양가 부모님과 아내에게 이야기했을 때 모두가 반대했습니다. 고흥에 내려가는 것을 찬성한 사람은 저 말고는 없었으니까요. 어쩌면 그때 내려가지 말아야 했는지도 모릅니다. 하지만 저는 귀농 기독교 공동체가 좋은 가치를 지향하기에 그것에 동참하는 것이 분명한 하나님의 뜻이라 생각했고, 아내를 6개월 가까이 설득해 내려간 것이었습니다. 그럼에도 그때 했던 기도가 있습니다. "하나님, 이것이 하나님의 뜻이라면 순리대로 일이 진행되게 해주시고, 그렇지 않다면 막아 주세요."

그 기도를 잊고 있었는데, 이천에 와서야 그 기도가 생각났습니다. 당시 귀농 기독교 공동체가 지향한 바는 성경에 드러난 하나님의 뜻이 맞을지 모릅니다. 하지만 그것이 저를 향한 하나님의 계획은 아니었고, 오히려 제 욕심이었다는 생각이 들었습니다. 명분 속에 숨겨진 제 욕망이 보였습니다.

물론 욕심에 대한 대가가 컸습니다. 낭비 아닌 낭비된 1년 반이라는 시간, 금전적인 손해, 아내와 아이들의 고생, 이로 인한 마음고생이 그렇습니다. 그럼에도 그 1년 반이라는 시간은 저를 성장시켰습니다. 고난이 오니 고민하고, 고민이 되니 공부하게 되었습니다. 목회자로서의 마음가짐, 예배, 설교, 교육 등 교회 운영 전반에 대한 틀을 배웠습니다. 게다가 하나님의 뜻을 함부로 확신하지 말고 순리대로 살아야 함을, 무엇보다 저 자신이 명분 속에 얼마든지 욕망을 숨길 수 있는 사람임을 분명히 깨닫게 되었습니다. 고흥에서의 1년 반, 짧다면 짧고 길다면 긴 그 시간은 제 목회 여정에서 가장 중요한 시간이었고, 현재 한솔교회에서 목회하는 데 큰 자양분이 되고 있습니다.

그리고 그 시간을 보내고 제 욕심을 포기했을 때, 하나님은 지금의 자리로 인도하셨습니다. 지금의 자리에서 또 저를 성숙하게 만들고 계심을 깨닫습니다. 고흥에서나 이천에서나 시간이 지나면서 분명히 느끼게 되는 것이 있습니다. '내가 목회한다고 생각했지만, 하나님이 나를 목회하고 계셨구나. 나를 철저히 하나님 앞에 엎드리게 하시고, 하나님만 의지하게 하시는구나!'

공허함이 만들어 낸
흑역사

가끔 과거의 제 모습을 생각하면 현재 한솔교회 담임 목사로 살게 해 주신 하나님의 은혜에 감격할 수밖에 없습니다. 저는 흑역사가 꽤 있 는 사람이거든요.

한때 저는 도박을 좀 했습니다. 20대 초중반이었습니다. 고스톱, 섰다, 7포커, 하이로우, 바둑이(깜깜이), 죽방(돈내기 당구), 스크린 경마 등 다양한 도박을 했습니다. 그때는 돈을 좀 벌 때라 진짜 도박하시는 분들이 보시면 웃으실지 모르지만, 판돈도 제법 되었습니다. 고스톱 은 1점당 천 원, 바둑이로는 판돈만 천만 원 정도로 하룻밤 사이 몇 백 만 원을 딴 적도 있습니다. 죽방도 1점당 3천 원으로 시작해서 2만 원 까지 친 적이 있습니다.

가장 미련했던 도박은 스크린 경마였습니다. 잃을 때는 몇 십만 원을 금방 잃었고, 크게 따더라도 그것을 돈으로 환산해서 받으려면 길게는 열 몇 시간이 필요했기 때문입니다. 하지만 한 방(주로 배당이 열 배 이내였는데, 가끔 몇 백 배가 터집니다) 터질 때의 쾌감은 아주 짜릿

했습니다.

　이뿐만이 아닙니다. 도박과 함께 술과 담배도 꽤 했습니다. 당시에 하던 일과 관련해서 술은 거의 매일 마셨고, 담배는 하루에 두 갑 반에서 세 갑 정도를 피웠습니다. 특히나 스트레스가 극심할 때는 줄담배를 피기도 했습니다.

　회심하면서 이 모든 것을 끊었습니다. 참 감사한 일입니다. 이제는 사행성 게임은 물론이고, 술과 담배도 하지 않습니다. 그중 담배를 끊은 것이 가장 좋았습니다. 담배를 피다가 기침을 심하게 해서 구토를 한 적도 있는데, 지금은 담배를 끊으니 기침을 하지 않습니다.

　지금은 다시 그렇게 살아 보라고 누가 큰돈을 준다고 해도 절대 그러고 싶지 않습니다. 하지만 그때의 경험을 통해 아주 조금은 배운 것이 있습니다. '나는 왜 술을 마셨는가, 나는 왜 담배를 폈는가, 나는 왜 도박을 했는가'를 시간이 지나 곰곰이 생각해 보니, 제 삶이 공허해서 그런 것이었습니다. 당시 하던 일을 통해서 돈과 권력, 또한 그것을 얻고자 하는 욕망이 이 사회를 움직이는 힘인 것처럼 느껴졌습니다. 저 또한 이른바 성공이라는 것이 하고 싶어서 그것을 좇아 살겠다고 마음먹었으니까요. 그래서 일을 열심히 해서 그 나이에 꽤 많은 돈도 벌었지만, 그리 기쁘지 않았습니다. 아무 생각 없이 그냥 시간의 흐름에 따라, 욕망에 따라, 단순한 쾌락을 즐기며 살았습니다. 나름 열심히 살기는 했지만, 술과 담배와 도박은 제 삶과 늘 함께였습니다.

그것은 제게 일종의 도피처였습니다.

회심 후 그 공허함은 '하나님을 향한 사랑'으로 채워졌습니다. 누군가는 정신 승리라고 말할지 모르겠지만 말입니다. 하나님을 향한 사랑은 저를 살아가게 하는 동력이고 원천이 되었습니다. 지금도 그렇습니다. 또한 그때의 경험을 통해 사람이란 존재를 아주 조금이나마 이해할 수 있게 되었습니다. 또한 사람이 어떤 행동을 할 때는 무슨 이유가 있을 거라고 생각하게 되어 그 마음을 이해하려고 조금씩 노력하게 되었습니다. 그러다 보니 저도 모르게 주로 듣는 위치에 있게 되었습니다. 어떤 분들은 남에게 하기 힘든 이야기를 제게 자연스레 하시기도 합니다. 그렇다고 답을 내려 드리지도 못합니다. 젊었을 때는 다 아는 것처럼 까불었는데, 그때를 생각하면 숨고 싶습니다.

물론 지금도 여전히 사람을 모릅니다. 전문적으로 상담을 배운 적도 없고, 인간을 분석할 수 있는 능력도 없습니다. 앞으로도 그럴 것입니다. 게다가 제가 경험한 것도 일부일 뿐입니다. 다만, 해결 방법은 말하는 사람이 가장 잘 알지 않을까 싶어 스스로 해결책을 찾도록 잘 듣고 공감해 주려고 노력할 뿐입니다. 그러고 보면 지난 경험들 가운데 전혀 쓸데없는 것은 없는 것 같습니다. 이런 점들이 지금 목회를 하면서도 긍정적으로 작용하고 있습니다.

한 사람을
위해서라도

어릴 때부터 지금까지 제가 어떤 교회에서 신앙생활했는지를 가만히 생각해 보면, 이 또한 지금의 제 모습을 있게 하신 하나님의 섭리가 들어 있음을 고백합니다.

유치원 때까지는 옆 동네 침례 교회를 다녔습니다. 제가 살던 마을에 교회가 없다 보니 우리 동네와 옆 동네 사이 언덕 위에 있는 교회에 가게 된 것입니다. 유치원 때까지 다녀서 그런지 그 교회에 관한 기억이 거의 없습니다. 오히려 초등학교 때 가끔 탁구를 치러 갔던 기억만 남아 있습니다.

제 기억에 남아 있는 첫 교회는 지금 부모님이 출석하시는 교회입니다. 1986년에 동네 주민들이 직접 교회당을 건축한 후 지방회에 전도사님을 파송해 달라고 요청하여 세워진 교회입니다. 제 고향 당진은 강화도와 함께 감리교단의 성지라 불리는 곳인데, 당시 대부분의 마을에는 감리 교회가 있었지만, 제가 살던 마을에만 감리 교회가 없어서 마을 주민들이 직접 개척한 것입니다.

성도는 우리 가족뿐입니다

마을에 사시는 주민 대부분이 그 교회에 출석했습니다. 그땐 그 것이 당연한 줄 알았는데, 나중에 보니 제가 살던 마을을 포함하여 일부 지역만 그렇더라고요. 어쨌든 마을에 사시는 대부분의 주민이 출석하였음에도 마을이 작아서인지 성도가 100여 명이 채 되지 않았습니다. 이렇게 규모가 작은 교회였습니다.

고등학교 때 도시로 올라오면서, 외삼촌이 개척하신 교회에 출석했습니다. 당시 개척한 지 얼마 되지 않은 교회였고, 예배당은 상가 지하에 있었습니다. 1년 뒤에 상가 2층으로 이전을 했고, 고 3 때까지 그 교회에 출석했습니다. 대학교 입학 후에는 술을 배우고 친구들과 어울려 지내면서 교회와 등지고 살다가 2006년 2월, 회심하면서 외삼촌이 목회하시는 교회로 다시 돌아오게 되었습니다.

외삼촌은 개척하신 후 교회를 네 번 이전하셨고, 그동안 몇 교회가 합쳐지기도 했습니다. 성도 70-80명 규모의 교회였고, 고흥으로 개척을 하러 내려가기 전까지 그곳에 출석하며 교육 전도사로 사역도 했습니다. 어려서 마을 주민들이 개척하시는 모습을 보았고, 외삼촌의 목회 과정을 옆에서 지켜보면서 저는 목회를 하면 당연히 개척해야겠다고 생각했습니다. 그래서 대학원을 졸업한 후, 고흥에 개척을 하게 된 것입니다. 결국 교단에서 개척 허가가 나지 않아 적(籍) 없이 목회를 하다 기적적으로 지금의 한솔교회에 부임하게 되었습니다.

지나고 보니 저는 한 번도 규모 있는 교회를 경험해 보지 못했다는 것을 알게 되었습니다. 가끔 '규모 있는 교회를 경험했다면 어땠을까'라는 생각이 들기도 했지만, 제 경우에는 경험하지 않은 편이 다행이라는 생각이 듭니다. 그래서 한 번도 규모 있는 교회를 꿈꿔 보지도, 바라지도 않고, 이렇듯 소박한 교회를 꿈꾸게 된 것 같습니다. 목회자가 되겠다고 신학대학원에 입학했을 때 이런 마음으로 기도했습니다. '성도가 한 사람일지라도 그와 함께 행복한 목회를 하자.' 한때 꿈이 '부흥사'이기도 했습니다. 그랬던 제가 신기하게도 어떻게 이런 생각을 했는지 모릅니다. 이 다짐과 기도는 앞으로도 같을 것입니다. 한 사람을 위해서라도 참된 교회를 세우는 일에 진력하자고 말입니다. 어쩌면 지금의 삶이 하나님이 그때의 제 기도에 응답하신 것이 아닌가 싶기도 합니다.

성도는 우리 가족뿐입니다

“

어쩌면 지금의 삶이
하나님이 그때의 제 기도에
응답하신 것이 아닌가
싶기도 합니다.

”

PART 2

우리는
진짜 예배를 드립니다

예전 해설 예배를
드리다

2012년 10월 첫 주, 한솔교회에서 첫 예배를 드렸습니다. 성인 성도는 아내 외에 아무도 없었지만, 혹여나 누가 오실까 싶어 기존 주보에 있는 순서대로 예배를 인도했습니다. 하지만 그해 마지막 주일까지 아무도 오시지 않았습니다.

2013년 1월 첫 주부터는 예전, 즉 예배 순서를 다시 구성했습니다. 고흥에서 목회할 때 예전의 중요성을 공부하며 언젠가 예전을 다시 구성해야겠다고 마음먹었는데, 바로 이때다 싶었습니다. 예전을 통해 '하나님이 먼저 우리를 찾아오심'과 '그에 따른 우리의 응답'을 가시적으로 볼 수 있게 구성하려고 애썼습니다. 그렇게 구성한 예전대로 2013년 첫 주 예배를 드린 이후, 지금까지 그렇게 예배하고 있습니다.

사실 한솔교회에 등록을 원하는 분들에게 등록 전 한솔교회의 예전을 교육하려고 했습니다. 그리고 그런 상황이 생기면 아내와 아이들에게도 따로 기회를 만들어 교육하려고 했습니다. 하지만 그동안 새로 등록하는 분이 없었고, 아내와 아이들하고만 예배하니 따로 교

성도는 우리 가족뿐입니다

육할 기회가 생기지 않았습니다.

2020년에 막내가 초등학교에 들어가고, 코로나가 시작되면서 이제라도 예전의 의미를 교육해야겠다는 생각이 들었습니다. 예배와 예전의 의미를 알고 예배하는 것과 그렇지 않은 것 사이에는 큰 차이가 있기 때문입니다. 사실 일반적으로 교회 현장에서는 예배 순서를 알고 예배하는 경우가 많지 않은 것 같습니다. 저도 그랬고요. 심지어 신학교에 들어가서도 몰랐습니다. 그러다가 예배 관련 책들을 보면서 그 중요성을 알게 되었습니다.

교육을 하려고 마음먹으니, 많은 생각이 들었습니다. '따로 교육하기 어려운 상황에서 어떻게 교육할 수 있을까?' '그렇다면 우리 교회 상황에 맞는 방법을 찾으면 되지 않을까?' '본질은 훼손하지 않은 채 가능한 방법을 만들면 되지 않을까?' 이런 고민 끝에 시작하게 된 것이 '예전 해설 예배'입니다.

그렇게 2020년 9월, 예전 해설 예배를 시작했고, 분기별로 시행하게 되었습니다. 3개월에 한 번 드리는 예배로 아이들이 그 순서의 의미를 세세히 알 수는 없겠지만, 그럼에도 예배와 예전에 의미가 있고, 그것이 소중하다는 것을 알기 바랐습니다. 예전 해설 예배로 드리다 보니 예배 시간이 무려 100분 정도 소요됩니다. 평소에는 설교 전 예전을 시행하는 데 30분, 설교하는 데 40분 정도 소요되어 총 75분에서 80분 정도 걸리는데, 여기에 예배 순서를 해설하는 시간이 20여 분

정도 추가되는 것입니다. 그럼에도 아이들이 그 시간을 잘 견뎌 주고 있습니다. 아이들이 어릴 때는 상상도 할 수 없었는데, 이제 좀 컸다고 가능해진 것입니다. 그럼에도 물론 중간중간 힘들어하긴 하지만요.

성도는 우리 가족뿐입니다

빼곡한
메모의 비밀

저는 설교할 때 창세기부터 요한계시록까지 한 권도 빠짐없이 가르치는 것을 중요하게 여기며, 그에 따라 실천하며 살아가는 것을 목적으로 삼고 있습니다. 신앙생활이 단순히 종교적 행사에 참여하는 것이 아니라, 그리스도인으로서 마땅히 해야 할 삶의 실천을 의미한다고 믿습니다. 그것을 가능하게 하는 것은 성경을 읽고 배우는 것이라 믿고요.

이것은 제 경험에서 나온 것이기도 합니다. 극적인 체험을 통해 방황을 끝내고 다시 교회로 돌아오기는 했지만, 지금의 저를 만들고, 앞으로도 만들어 갈 것은 과거의 강렬한 체험이 아니라, 하나님의 말씀이기 때문입니다. 2009년에 한 목사님의 성경 전체 개관 강의를 들으며 신학적 회심을 하게 된 이후로 하나님의 말씀은 제 삶 전반에 영향을 주고 있습니다.

성경 전체를 교육하기 위해 따로 시간을 만들기 어려우니 설교 시간을 통해 가르쳐 보아야겠다는 계획을 세웠습니다. 각 장을 일일이, 그리고 자세히 가르치면 10년이 걸려도 성경 전체를 마칠 수 없겠다는 생각에, 66권 전체를 빠짐없이 가르치되, 각 권의 핵심 내용을 개관하며 설교하는 것으로 계획을 세웠습니다. 예를 들어, 창세기는 창조, 타락, 홍수를 통한 하나님의 심판, 바벨탑 사건과 민족의 기원, 아브라함, 이삭, 야곱, 요셉의 이야기로 크게 나누고, 그에 따라 각 장을 간략하게 해설하며 하나님의 성품을 전한 후, 그에 따라 우리는 어떻게 살아야 하는지를 나누는 방식으로 진행했습니다. 그렇게 66권 설교를 4년에 걸쳐 끝내는 것을 목표로 하고, 한 번 끝낸 후에는 다시 창세기부터 조금 더 자세히 설교하는 계획을 세웠습니다. 그런 계획 아래 2013년 2월 첫 주부터 성경 개관 설교를 시작했습니다.

처음에는 목회를 시작한 지 얼마 되지 않아서 많이 서툴렀습니다. 열정은 있지만, 어떻게 말씀을 전해야 할지 몰라 허둥댔습니다. 성경을 가르쳐 주신 목사님의 설교를 듣고 설교문을 보며 비슷하게 따라해 보기도 했고, 어떤 경우에는 형식만 약간 바꾼 채 내용은 그대로 전하기도 했습니다. 하지만 뭔가 제 몸에 맞지 않는 옷을 입은 듯한 느낌이 들었고, 아내와 아이들에게도 많이 어려울 것 같다는 생각이 들었습니다.

이런 생각들이 머릿속을 채울 무렵이었습니다. 그해 7월, 한 가정이 예배당에 들어오셨습니다. 한솔아파트로 이사를 오셔서 가장 가까운 교회를 찾아오신 분들이었습니다. 우리 가족만 예배하다가 한 가정이 함께하니 예배당이 꽉 찬 것 같고, 덕분에 힘이 났습니다. 준비한 대로 열심히 말씀을 전했습니다. 게다가 남자 분이 설교를 들으며 열심히 메모하시는 게 아닙니까! 그 모습을 보니 열정이 더욱 타올랐습니다.

예배가 끝나고 그 가정을 집으로 초대해 함께 식사를 하는데, 남자 분이 제게 조용히 주보를 내미셨습니다. 그 주보에는 설교 메모가 빼곡히 써 있었습니다. 그런데 그 메모를 보고 깜짝 놀랐습니다. 자세히 읽어 보니 그것은 설교 메모가 아니었고, 설교 비평이었습니다. 제설교의 단점과 고칠 점 등을 기록한 내용이었습니다.

하지만 그 메모를 보는데, 전혀 기분이 나쁘지 않았습니다. 오히려 매우 감사했습니다. 그날도 어떻게 말씀을 전해야 하나 고민하고 있었고, 설교 방법을 어떻게 바꾸면 좋을까를 계속 생각하고 있었기 때문입니다. 그분은 마치 제가 고민하는 것을 들으신 것처럼 메모해 놓으셨습니다. 아마 그 내용이 무조건적인 비판이었다면 엄청 기분 나빴을지 모릅니다. 하지만 그 내용에서 그런 비판은 전혀 느껴지지 않았고, 오히려 진심 담긴 애정이 느껴졌습니다. 그분의 메모 덕분에 저는 설교 방향을 수정할 수 있었습니다.

"아빠,

전보다 훨씬 좋아요!"

2013년 2월 첫 주에 성경 개관 설교를 시작한 후 2016년 8월 마지막 주까지 약 4년에 걸쳐 창세기부터 요한계시록까지 전체 핵심 개관 설교를 했습니다. 그 후 10개월 정도 주제 설교를 했고요. 칼뱅주의 5대 교리, 주기도문 해설, 십계명 해설, 교회론 등을 설교했고, 2017년 6월 둘째 주부터 다시 창세기 설교를 시작했습니다. 이때는 조금 더 자세히 각 장을 해설하며 말씀을 전했습니다. 그러다 보니 이전보다 속도가 더뎠습니다.

2021년을 맞이해서는 아이들에게 성경을 읽히기 시작했습니다. 첫째는 「주니어지평 이야기 성경」(주니어지평)을, 둘째는 「두란노 이야기 성경」(두란노키즈)을, 막내는 「스토리 바이블」(두란노키즈)을 한두 장 읽게 한 후, 읽은 내용을 두세 문장으로 요약하게 했습니다. 그렇게 스스로 읽으면서 성경 전체 흐름을 머릿속에 새기게 하고 싶었습니다.

그해 1월에는 열왕기하를 설교하고 있었습니다. 그런데 1층 상

성도는 우리 가족뿐입니다

가 상수도가 동파되어 옆 가게로 넘쳤고, 그 옆 가게 바닥 틈으로 물이 흘러들어가 예배당 한가운데로 떨어졌습니다. 그 양이 상당했는데, 이 때문에 예배당 텍스(천장에 붙이는 널빤지)가 크게 파손되었습니다. 수습하는 것이 막막했습니다. 결국 날이 따뜻해질 때까지는 집에서 예배하기로 결정했습니다. 마침 코로나19 방역 지침이 강화되었을 때인데, 저희 가족은 예배당에서 예배를 드릴 때도, 현관문을 닫고 예배했기에 가능한 일이었습니다.

그렇게 몇 주간 집에서 예배하다 보니 설교 본문에 대한 고민이 생겼습니다. 예배당에서는 이전과 다를 바 없이 순서를 이어 가면 되는데, 집에서 예배를 드리다 보니 예전도 간소화할 수밖에 없고, 설교도 조금은 줄일 수밖에 없었습니다.

몇 주간 고민했습니다. 무엇보다 한솔교회의 청중은 아내와 아이들뿐이기에 아이들에게 초점을 맞춰야겠다는 생각이 들었고, 아이들에게 지금 필요한 것이 무엇일까 고민하다가, 문득 아이들이 읽고 있는 성경 진도와 맞추면 좋겠다는 생각이 들었습니다. 그래서 창조부터 다시 시작했습니다. 4주에 걸쳐 창조, 아담과 하와의 타락, 가인과 아벨 이야기, 노아 시대의 홍수 이야기를 본문으로 하나님의 성품에 대해 나누었습니다.

그랬더니 확실히 아이들의 반응이 달랐습니다. 읽은 지 얼마 안된 이야기를 가지고 설교하니 아이들이 내용을 기억하고 있었고, 읽으면서 궁금했던 것도 질문하며 말씀에 더욱 집중했습니다. 물론 예배당에서 열왕기상하 본문을 설교할 때도 가족만 모여 예배하다 보니 아이들이 저에게 집중할 수밖에 없기는 하지만, 확실히 그 전과는 다르다는 것이 느껴졌습니다.

설교 중에는 둘째가 이런 질문을 했습니다.

"아빠, 노아 시대에 40일 동안 비가 내렸잖아요. 그런데 성경을 읽으니까 40이라는 숫자는 뭔가 특별한 것 같아요. 모세가 시내산에서 40일 동안 있었던 것도 그렇고요. 특별한 이유가 있는 것 같아요."

생각지도 못한 질문에 놀라기도 하고, 기쁘기도 했습니다. 강복선언이 끝난 후 둘째가 이렇게 이야기하기도 했습니다.

"아빠, 제가 읽었던 내용을 설교로 들으니까 전보다 훨씬 좋아요. 내용도 다시 기억나고, 이해도 잘돼요."

저희 가족만 예배해서 아쉽고 어려운 점이 있지만, 이런 점은 참 좋은 것 같습니다. 아이들이 잘 따라와 줘서 고마울 따름입니다.

우리의 작은

"헤세드"

어느 날은 대화 중에 한 분이 이런 말씀을 하셨습니다. 시간이 좀 지나서 정확한 워딩은 잘 기억이 나지 않지만, 뉘앙스는 이랬습니다.

"목사님을 보면 날카로울 것 같고 비판적이실 것 같은데, 신기하게도 목사님이 사용하시는 언어에는 그런 느낌이 전혀 없어요."

이 말을 듣고 크게 내색하지는 않았지만, 속으로는 얼마나 기뻤는지 모릅니다.

2010년대 초중반까지만 해도 제가 얼마나 비판적인 사람이었는지, 그리고 비판을 통해 저 자신의 의로움을 얼마나 드러내려 했는지 모릅니다. 엄청 교만했지요. 그런 생각이 제 말과 행동에서도 분명히 드러났을 것입니다. 그런데 시간이 흘러 누군가로부터 이런 말을 들으니 얼마나 기쁘겠습니까. 물론 그렇다고 해도 불의나 문제를 바라보는 날카로운 시선은 버리지 않으려고 합니다.

이렇게 삶의 자세가 변화된 데에는 지난 10년간 말씀을 연구하고 매주 말씀을 전한 것이 큰 도움이 되었습니다. 무엇보다 창세기부터 요한계시록까지 각 권 전체 개관 설교를 하며 그리스도인의 삶의 자세가 어떠해야 하는지 살펴본 것이 컸지요. 그중에서도 '룻기'는 제게 큰 통찰을 주었습니다.

작은 시골 마을인 베들레헴(미가 5장 2절에는 대도시인 사마리아, 예루살렘과 대조되는 작은 마을로 기술되어 있습니다)에서 일어난, 하나님을 믿는 사람들의 선행이 어떻게 사람을 회복시키고, 하나님이 그 사건을 통해 어떻게 역사를 이끌어 가시는지를 보면서 우리의 자세를 다시 한 번 점검하게 되었습니다. 나오미, 룻, 보아스, 그들 모두 어떤 일을 예측하고 선을 행하지는 않았을 것입니다. 그들 모두 선택의 기로에서 얼마든지 자신만의 유익을 따를 수 있었겠지만, 그들은 그렇게 하지 않았습니다. 또 어떤 대가를 기대하지 않고, 다른 사람의 어려움을 보면 외면하지 않았을 뿐만 아니라, 자신의 것을 희생하고 헌신하기로 선택했습니다.

그들은 하나님의 성품 중 하나인 헤세드(룻기에는 "선대", "은혜", "인애"로 번역되어 있습니다)를 다른 사람에게 베풀었습니다. 하나님을 믿었기에 그들은 하나님의 백성으로서 자신에게 주어진 의무를 행한 것입니다. 하나님은 그들의 헤세드를 통해 다윗이 태어나게 하셨고, 궁극적으로 우리를 위해 다윗의 후손으로 예수 그리스도가 오게 하셨습니다.

룻기의 배경은 사사 시대입니다. 사사 시대는 자기 소견에 옳은 대로 행하는 시대였을 뿐만 아니라, 개인의 탐욕을 극도로 추구하는

성도는 우리 가족뿐입니다

시대이기도 했습니다. 다른 사람을 신경 쓰기보다는 자기에게 집중하는 시대였다는 말이지요. 사사기에 나오는 마지막 사사인 삼손은 공적 역할이 아닌, 철저히 사적 이익을 위해 자신의 직분을 사용했습니다. 그런 시대 상황 속에서도 하나님의 백성인 나오미, 보아스, 룻은 신실하게 하나님의 성품을 따라 살아갔습니다. 그들의 행동은 어둠이 짙게 깔린 시대에 한 줄기 빛이 되었습니다.

룻기를 통해 사람을 살리는 것은 '헤세드'임을 기억합니다. 누가 알아주지 않아도, 변방에 있어도, 유명하지 않아도 우리가 그리스도인이라면 삶의 자리에서 '헤세드'를 베풀며 살아가야 함을 아내와 아이들에게, 그리고 저 자신에게 권면했습니다. 자신에게 집중하기보다 우리의 눈을 다른 사람에게 돌려야 함을 권면했습니다.

우리의 작은 '헤세드'가 어떤 결과를 가져올지 전혀 알 수 없고, 그렇게 사는 방식이 미련해 보이고 손해를 가져온다 하더라도 그것이 하나님의 성품을 따라 사는 삶의 방식이기에 그렇게 살아야겠다고 마음을 다잡았습니다. 물론 좋은 결과를 가져온다면 엄청 기쁘겠지만 말입니다.

예전에는 다른 사람의 성취를 부러워하고, 그것을 이룬 방식을 따라해 보려고도 했습니다. 때로는 그들이 이룬 방식 때문에 그 자체를 비판하기도 했는데, 그 안에는 제가 가지지 못한 것을 아쉬워하는 마음이 있다는 것을 알게 되었습니다. 이제는 부러워하는 마음이 없습니다. 그들에게는 그들의 길이 있고, 저에게는 저의 길이 있습니다. 저는 저만의 길을 가면 됩니다. 물론 시스템의 문제라면 그것을 개선하려는 노력을 해야 하지만요. 그래서 그런지 이제 제 행동과 언어에서 비판적이고 비난적인 모습이 잘 나타나지 않는 것 같습니다. 이런 저의 모습이 스스로도 신기하게 느껴집니다.

성도는 우리 가족뿐입니다

아빠가 만난
예수 그리스도

아주 가끔이지만, 설교를 각 권의 순서대로 하다가 중간에 바꿀 때가 있습니다. 평소대로라면 열왕기하 2장을 설교해야 하는데 한번은 '예수 그리스도'에 대해 설교한 적이 있습니다. 예수 그리스도가 저 자신에게 어떤 의미인지를 나누었습니다. 청중이 가족만 있기에 가능한 일입니다.

아이들에게 먼저 질문을 던졌습니다. 지난 시간 대부분을 우리 가족끼리만 예배하면서 왜 '굳이' 한솔교회 예배당에서, 이렇게 예전을 지키면서 예배하고 있는지를 아는지 말입니다. 아이들이 보기에 아빠는 행복한 사람처럼 보이는지, 마지막으로 우리 집의 형편을 알고 있는지를 물었습니다.

물론 아이들은 질문에 제대로 답을 못했습니다. 왜 이렇게 예배하고 있는지를 잘 몰랐고, 우리 집 형편도 잘 알지 못했습니다. 다만, 아빠가 행복해 보인다는 것은 분명히 알고 있었고 우리 집 형편과는 상관없이 자신들은 부족한 것이 없다고 느끼고 있었습니다. 아직까지는 참 감사하게도요.

그 후 짧은 시간 동안 압축하여 아이들에게 저의 신앙 여정을 전했습니다. 어떻게 교회를 다니게 되었는지, 왜 지금 이 자리에서 이렇게 예배하고 있는지를 말해 주었습니다. 하나님의 창조와 인간의 타락, 그리고 예수님의 오심과 죽으심, 부활, 승천까지의 이야기를 전하며 삼위일체 하나님이 제 인생에 어떤 의미인지를 전했습니다.

최근 몇 년 동안 계속 이런 생각이 듭니다. 그리고 지인들과 대화할 때도 종종 이렇게 말합니다. 제가 만약 2006년에 회심하지 않았다면, 정확히는 하나님이 저를 회심시키지 않으셨다면, 저는 지금 이 자리에, 이 땅에 살아 있지 않았을 것이라고 말입니다. 아파서 죽었든 사고 쳐서 죽었든 결국 이 세상 사람이 아니었을 거라고요.

요즘에는 인생을 덤으로 사는 기분입니다. 그래서 하루하루가 소중하게 느껴지고 행복합니다. 물론 살면서 어려운 일이 생기고, 육신의 약함도 있고, 해결해야 될 문제도 있습니다. 그럼에도 한 가정을 꾸리고 아내와 아이들과 복작대며 살 수 있음에, 한솔교회에서 예배할 수 있음에 감사할 따름입니다.

누군가에게는 지금 제 현실이 실패한 것처럼 보일 수 있고, 초라해 보일 수도 있습니다. 그리고 실제로도 많은 분이 "목사님, 힘드시죠?"라고 묻기도 합니다. 그러나 저는 지금의 제 모습이 좋습니다. 성공한 것 같습니다. 아내와 아이들도 그렇게 봐 주니 더욱 감사가 넘칩니다. 아이들도 점점 크면서 현실을 직시하게 될 것입니다. 혹독한 현실을 마주하며 몸과 마음이 많이 힘들지도 모릅니다. 아니, 그것이 피할 수 없는 미래일 것입니다. 좌절하기도 하고, 낙심하기도 하고, 포기하고 싶은 마음도 들 것입니다.

그러나 아이들이 이것만큼은 꼭 알면 좋겠습니다. 하나님이 아빠의 인생을 인도하신 것처럼 자신들의 인생도 인도하실 것을요. 하나님이 아빠와 언제나 함께하시는 것처럼 자신들과도 함께하실 것을요. 하나님이 아빠를 포기하지 않으신 것처럼 자신들도 포기하지 않으실 것을요.

사실 저는 설교 시간에 개인적인 이야기를 잘 하지 않습니다. 지난 10년 넘게 설교하면서 10번도 하지 않은 것 같습니다. 하지만 그날만큼은 아이들에게 제가 만난 예수 그리스도를 전하고 싶었습니다. 그래서인지 설교하면서 살짝 울컥하기도 했습니다.

그날의 설교를 통해 아빠의 간절함이 아이들에게 전해졌는지 모르겠습니다. 어쩌면 아이들은 '아빠가 왜 그렇게 이야기하지?'라고 생각했을지도 모릅니다. 앞으로 저와 저희 가정에 어떤 미래가 펼쳐질지는 전혀 알 수가 없습니다. 형편이 좀 더 나아질 수도 있고, 고통스러운 현실이 찾아올 수도 있을 것입니다. 그럼에도 저와 저희 가정이 예수 그리스도로 말미암아 어떤 현실도 극복할 수 있기를 바라고, 기뻐하는 인생을 살 수 있으면 좋겠습니다.

나는 그리스도인으로서
무엇을 할 수 있을까

아모스서를 설교하면서 저는 하나님의 성품과 이웃 사랑에 대해 생각해 보게 되었습니다. 아모스서에 드러난 하나님의 성품은 특히 공의와 정의입니다. 만약 북이스라엘 백성, 특히 왕을 비롯한 지도층들이 하나님의 성품을 제대로 알았다면 이웃과 가난한 이들, 나실인 등을 압제하지 않고, 그들을 착취함으로 자신의 배를 채우려 하지 않았을 것입니다. 그런데 그들은 자신의 배를 채우기 위해 하나님을 이용했습니다. 그들은 이웃을 착취하면서도 아무런 거리낌이 없었습니다. 하나님은 그런 그들을 아모스를 통해 신랄하게 비판하셨습니다. 말로는 하나님을 사랑한다고 하지만 그들의 마음에는 하나님 사랑이 없음을 폭로하며, 공의와 정의를 행하지 않는 그들을 책망했습니다.

구약에서 하나님을 사랑하는 것이 이웃 사랑의 측면으로 나타나는 모습이 있는데, 바로 나그네와 과부와 고아로 대표되는 사회적 약자를 보호하고 그들의 필요를 채워 주는 것입니다. 신약에서는 예수님이 죄인과 세리와 창녀와 함께하심으로 하나님의 사랑을 직접 보여

성도는 우리 가족뿐입니다

주셨습니다. 그럼 이 시대를 살아가는 그리스도인들은 어떻게 하나님의 사랑을 실천해야 할까요? 하나님의 성품을 바르게 안다고 가정할 때, 이웃에게 복음을 전하는 것이 우선되어야 합니다. 이것이 가장 기본입니다. 다음으로는 그들을 보호하고, 그들의 실질적인 필요에 대해 도움을 주는 것이 필요합니다. 중요한 것은 방법인데, 저는 두 가지 방법을 생각해 보았습니다.

첫 번째는 이웃을 돌보는 일입니다. 두 번째는 이 땅에 정의와 공의가 흐르도록 정치에 목소리를 내는 것입니다. 주변 이웃을 다 돌볼 수 없기 때문이기도 합니다. 사회적으로 부패하고 불의할 때 바른 목소리를 냄으로써 법과 제도가 사회적 약자를 위해 시행될 수 있도록 더욱 힘써야 한다는 것입니다. 저는 이 두 가지가 같이 가야 한다고 생각합니다. 두 번째와 관련해서는 논란의 여지가 있을 수 있겠지만, 거시적으로 보면 사회적 불의에 눈감는 것은 이웃의 어려움을 외면하는 것이라 생각합니다. 물론 저와 의견이 다른 분도 계시겠지만요.

어쨌든 보수든 진보든, 누가 되었든 그들이 사회적 약자를 돌보지 않는다면 진영 논리에 함몰될 것이 아니라 그것에 대해 목소리를 내는 것이 당연하다고 생각합니다. 사회적 약자 중에는 그리스도인도 있고, 비그리스도인도 있을 것입니다. 비그리스도인도 지금 이 순간 비그리스도인일 뿐이지, 그들도 구원받아야 할 대상이고, 사랑받아야 할 대상입니다. 모두가 하나님의 사랑을 받아야 할 사람들이지요.

2014년 4월 16일, 인천에서 제주로 향하던 한 배가 진도 앞바다에서 침몰했습니다. 그 참사로 304명의 승객, 특히 너무나 많은 학생이 실종되거나 사망했습니다. 참으로 충격적인 일입니다. 그 참사 앞에서 어떤 말도 할 수 없었습니다. 하지만 당시 정부의 대처는 더 말문이 막히게 했습니다. 구조한다고 하면서도 진척이 더뎠습니다. 그 후에도 진상 규명을 요구하고 책임자 처벌과 재발 방지 대책을 원하는 실종자 가족과 유가족들을 더욱 답답하고 마음 아프게 했습니다.

그런 모습을 보며 너무 화가 났습니다. '나는 그리스도인으로서 무엇을 할 수 있을까'를 고민했습니다. 단순히 기도만 하는 것이 맞을까 싶었습니다. 그래서 저는 세월호 유가족인 유민 아빠가 단식할 때 함께 단식에 참여하기도 하고, 진상 규명을 바라는 집회에도 참여했습니다. 1인 피켓 시위에 동참하기도 하고, SNS에 관련 글을 공유하기도 했습니다. 또한 세월호 2주기 때는 이천 지역에서 뜻을 함께하는 목사님들, 지역 활동가들, 학생들과 함께 기도회를 열기도 했습니다.

하지만 8년이 넘은 지금까지도 진상 규명이 명확히 되지 않고, 책임자 처벌도 이루어지지 않고 있으며, 재발 방지 대책도 제대로 세워지지 않은 상태입니다. 게다가 그 참사를 기억하기 위한 여러 활동이 방해를 받고 있기도 합니다. 이럴 때 교회가, 그리스도인들이 고통당한 그들과 함께해야 하는데, 그리고 주님이 이 땅에서 고통당하는 사람들, 사회적 약자들과 함께하신 것처럼 우리도 그 자리에 있어야

성도는 우리 가족뿐입니다

하는데, 오히려 반대의 자리를 향해 가는 것 같아서 가슴이 미어집니다. 그것이 이웃을 사랑하고 사람을 살리는 길인데 말입니다.

모세의
죽음을 보며

모세는 가나안 땅에 정말로 들어가고 싶었습니다. 하지만 하나님은 그런 모세의 요구를 들어 주시지 않았습니다. 오히려 모세의 역할은 끝났고, 그것으로 족하다고 말씀하셨습니다. 그런데 놀랍게도 모세는 더 이상 권리 주장을 하지 않고 담담히 죽음을 맞이합니다.

모세는 120세에 죽음을 맞이했습니다. 그때도 여전히 눈이 흐리지 않았고, 기력이 쇠하지 않았습니다. 현역으로 활동해도 될 정도였습니다. 그럼에도 하나님의 말씀에 따라 그는 비스가산 꼭대기에서 가나안 땅을 바라보는 것으로 만족했습니다. 심지어 그는 가나안 땅도 아닌 모압 땅에 묻혔고, 그 무덤이 어디에 있는지조차 아무도 알 수 없습니다.

신명기 저자는 그런 모세를 "여호와의 종"(신 34:5)이라고 기록합니다. 모세가 보여 준 그 모든 이적과 기사와 위대함에도, 그는 '여호와의 종' 그 이상도, 이하도 아니었습니다. 그도 우리와 같은 인간일 뿐이고, 하나님의 은혜 덕분에 그 일을 감당할 수 있었을 뿐입니다.

성도는 우리 가족뿐입니다

그래서 모세는 "이것으로 네게 족하니"(신 3:26)라는 하나님의 말씀 앞에 자신의 정체성을 확인하고, 그 모든 것을 받아들입니다. 물러날 때를 알고 떠나는 모세의 뒷모습이 참 아름답습니다.

사람들은 자신이 노력하고 수고한 것에 대한 보상을 받고 싶어 합니다. 어찌 안 그렇겠습니까? 자신이 들인 시간, 재정, 노력, 그것이 얼마나 소중하겠습니까? 그렇기에 그것에 대한 열매를 쟁취함으로 자신의 노력을 보상받고 싶어 하는 것이 인지상정입니다.

바울은 파벌 싸움을 하는 고린도 교회에 편지하면서 이렇게 말합니다. "나는 심었고 아볼로는 물을 주었으되 오직 하나님께서 자라나게 하셨나니"(고전 3:6). 이 구절을 보더라도 바울은 자신의 정체성과 역할을 자각하고 있음을 알 수 있습니다. 열매 맺게 하는 것은 하나님의 소관이고 자신의 소관이 아님을, 단지 자신은 하나님의 종으로 맡겨진 일을 감당할 뿐임을 자각하고 있습니다.

누군가 공동체를 세워 가는 일에 주요한 역할을 할 수 있습니다. 그리고 그것에 따라 자신의 권리를 주장할 수도 있습니다. 하지만 그것이 과해서 문제가 되는 경우를 우리는 참 많이 보았고, 지금도 종종 봅니다. 물러날 때를 알지 못해 추해지는 경우를 우리는 많이 보고 있습니다.

귀농 기독교 공동체를 이루며 살겠다는 결심으로 고흥에 갔을 때, 그리고 그 안에서 교회를 세우겠다고 했을 때, 저에게는 그 공동체와 교회를 통해 이루고 싶은 목표가 있었습니다. 창조 원리에 따라 살아가는 공동체, 자급자족을 하면서 더 나아가 좋은 모델이 되는 공동체, 선교하는 공동체가 목표였습니다. 그 목표를 위해 모두가 반대할 때 '이것이 하나님의 뜻'이라고 믿으며 주변을 설득했고, 결국 저는 고흥으로 내려갔습니다. 하지만 고흥에서 1년 반을 살다가 어떠한 열매도 보지 못하고 그곳을 떠나게 되었을 때, 고흥에서의 성공을 통해 보람을 느끼고 보상받고 싶었던 제 안의 욕망을 깨달았습니다.

모세도 그렇고, 바울도 그렇고, 그들은 눈에 보이는 열매를 얻고 싶었겠지만, 그것보다 중요한 것은 하나님의 은혜로 부름받아 하나님 나라를 위해 일할 수 있다는 것 자체였습니다. 물론 그들도 인간이기에 때로는 그 일을 수행하며 속이 터지기도 하고 화가 나기도 했겠지만, 그것은 열매 맺지 못함으로 인한 것은 아니었을 것입니다.

이들의 자세를 보며 다시 한 번 다짐합니다. 저는 하나님의 은혜로 부름받았고, 그에 따라 현실을 감당하고 있을 뿐임을 말입니다. 저는 단지 '하나님의 종'일 뿐입니다. 열심히 노력하고 수고해도 열매가 주어지지 않을 수 있습니다. 하지만 그렇더라도 아무 의미가 없는 것이 아니라는 것을 압니다. 그것 때문에 누군가는 열매를 취할 수 있다는 것도 알고요. 저는 그저 그 수고와 노력 자체가 종에게 주시는 하나님의 은혜임을 고백할 뿐입니다.

아빠,

오늘은 집에서 예배하면 안 돼?

코로나가 창궐하는 동안에는 예배당에서 예배를 드리더라도, 예배당 문을 닫고 예배하기로 결정했습니다. 하지만 금방 끝날 줄 알았던 코로나 시기가 길어지면서 예배당 문을 닫고 예배하는 날도 계속되었습니다. 코로나 시기에는 아주 가끔 오시던 손님들도 오시지 않고, 성도라고는 저희 가족뿐이라서 예배당 문을 닫는 게 가능했던 것입니다.

코로나 기간(2020년 2월부터 12월까지)에 딱 두 번, 불가피하게 예배당에 가지 못하고 집에서 예배한 적이 있습니다. 아이들을 부모님 댁에 보내고 저와 아내만 주일 예배를 드려야 했는데, 코로나로 아이들이 고향 교회를 가지 못해서 '구글미트'로 함께 예배드려야 했기 때문입니다. 그러다 보니 예전도 간소화하고, 설교도 짧게 할 수밖에 없었습니다.

그 후, 아이들이 돌아오고 언제나 그랬듯이 저희는 예배당에서 예배를 하게 되었습니다. 그런데 아이들이 이렇게 말하는 것이 아닙니까! "아빠, 오늘은 집에서 예배하면 안 돼?" 물론 그런 일은 일어나지 않았습니다. 당연히 예배당에서 예배했습니다. 사실 내색은 안 했지만, 그 말을 듣는 순간 조금 충격을 받았습니다. 단 두 번뿐이었지만, 아이들은 집에서 예배하는 것이 편했던 것 같고, 그것을 무의식적으로 저에게 표현한 것 같습니다.

지난 시간 동안 제가 아플 때를 제외하고 예배당에서의 예배를 한 주도 쉬지 않은 것은 아이들에게 예배 습관을 들이기 위해서였습니다. 아이들은 저랑 예배하는 것이 아니면 예배하는 경험을 쌓을 수 없기 때문입니다.

아이의 말을 듣고 난 후 다시 마음을 다잡았습니다. 아이들에게 나태해지는 모습을 조금이라도 보이면 안 되겠다고 말이지요. 강제하는 방식은 아니지만, 아이들이 예배를 소중히 여길 수 있도록, 하나님의 백성으로 살아가는 것이 무엇인지 알 수 있도록 본을 보여야겠다고 다짐했습니다.

코로나19로 다들 어려운 시간을 보내고 있습니다. 최근에는 코로나 방역 지침이 완화되면서 대면 예배를 재개하고 수련회 등 각종 교회 행사도 치르고 있지만, 코로나 후유증이 만만치 않습니다. 하지만 교회에 닥친 어려움, 즉 예배하기 힘든 상황은 우리가 믿음을 지켜내는 실력이 어떤지 드러내는 시간이기도 합니다. 그리고 스스로를 돌아보게 했고, 지금도 진행 중입니다. 그것은 한솔교회도 마찬가지입니다.

성도는 우리 가족뿐입니다

아이들을 통해 저와 아내의 모습을 봅니다. 그래서 조금 무섭기도 합니다. 정신 똑바로 차려야겠습니다. 이 어려운 시간들을 아이들뿐만 아니라 저와 아내도 더욱 성숙해지는 계기로 삼을 수 있기를 바랄 뿐입니다.

아내와

단둘이 예배하며

아내와 단둘이 예배하는 일이 가끔 있습니다. 아이들을 양가에 보내는 경우에 그렇습니다. 그럼에도 저와 아내는 여느 때와 다름없이 예배합니다. 다만 아내가 반주하지 않고 청중석에 앉아 예배할 뿐입니다. 그러다 보니 무반주로 찬송해야 합니다.

어느 주일, 아이들을 부모님에게 맡기고 저희 둘만 예배하던 날이었습니다. 예전에 따라 예배 전 찬송, 교회 소식, 입례송, 예배로의 부름(초청), 예배의 기원, 십계명(말씀) 낭독, 죄의 고백, 용서의 확증, 감사의 찬송, 신앙고백(당시는 하이델베르크 요리문답 제6주차), 봉헌까지 하고, 기도 순서가 되었습니다. 제가 기도를 시작했는데, 얼마 되지 않아 갑자기 눈물이 쏟아졌습니다. 이런 적이 처음이라 스스로도 놀랐습니다. 눈물이 멈추지 않았습니다. 기도할 수 없을 정도로 눈물이 나왔는데, 간신히 눈물을 참고 기도를 마쳤습니다. 그리고 주기도문송을 불러야 했는데, 또다시 눈물이 쏟아지기 시작했습니다. 마음을 추스르기가 어려웠습니다. 회중석에 앉아 있는 아내의 눈가도 붉어졌습

성도는 우리 가족뿐입니다

니다. 결국 주기도문송을 끝까지 부르지 못했고, 성경 봉독 후 말씀을 전하기 시작하면서 그제야 마음이 차분해졌습니다.

왜 갑자기 눈물이 나왔을까를 복기해 보았습니다. 돌아보니 하나님의 은혜 때문이었습니다. 하나님이 1986년에 이 교회를 세우시고, 지금까지 인도하셨으며, 저희로 하여금 이 예배당을 지키며 예배하게 하셨다는 생각에 마음 깊은 곳에서부터 감사가 나왔습니다. 그리고 낙심하지 않게 하시고, 포기하지 않게 하셔서 지금까지 올 수 있었음에 감사했습니다. 당장 눈에 보이는 열매는 없지만, 하나님이 우리 가정을 단단하게 만들고 계신다는 것에 감사할 수밖에 없었습니다. 그 감사 때문에 기도하면서 눈물이 쏟아진 것이었습니다.

참 신기합니다. 이런 상황 속에서도 감사할 수 있다는 것이, 마음이 무너지지 않고 오히려 소망을 가질 뿐만 아니라 기쁨이 넘친다는 것이, 저는 원래 이런 사람이 아닌데 이렇게 저를 다듬어 가신다는 것이, 모두 하나님의 은혜로 가능한 일입니다.

앞으로 상황이 어떻게 달라질지 모르겠습니다. 심지어 목회를 그만둘 수도 있겠지요. 그러나 하나님이 저를 당신의 자녀 삼으셨다는 것과 자녀로서 하나님을 예배할 수 있다는 것, 그리고 제가 이해할 수 없는 상황에 직면하게 될지라도 하나님은 저를 가장 선한 길로 인도하신다는 것을 믿기에 소망을 갖습니다. 이 글을 쓰면서도 마음이 벅찹니다.

아,
주님이 이렇게 오시는 건가

어느 주일 오전 10시 41분, 전화가 울렸습니다. 휴대 전화 화면에 찍힌 이름은 이○○ 목사님이었습니다. 가끔 연락도 드리고 찾아뵙기도 했는데, 그날은 '왜 목사님이 이 시간에 전화를 하셨을까' 궁금해 하며 전화를 받았습니다. 제가 전화를 받자마자 목사님은 이렇게 물으셨습니다.

"오늘 예배 안 드려요?"

와! 정신이 번쩍 들었습니다. 평소에는 10시쯤 예배당에 내려가서 예배를 준비합니다. 그런데 이날은 저도 모르게 늦잠을 자는 바람에 부랴부랴 준비하고 내려가려는 찰나였는데, 전화가 온 것입니다. 머리를 한 대 얻어맞은 느낌이었습니다. '아, 주님이 이렇게 오시는 건가 …….'

전날 설교 준비를 마무리하고, 책 판매를 위해 책 포장을 하고, 편집 작업까지 하느라 거의 아침이 되어서야 집에 들어가 잠이 들었거든요. 잠을 거의 못 잔 상태였습니다. 게다가 코로나19가 확산될 때

성도는 우리 가족뿐입니다

라 예배당 문을 닫은 채로 예배하고 있었습니다. 그런데 마침 목사님이 방문하신 것입니다. 마치 주님이 한솔교회를 점검하러 오신 듯한 느낌이었습니다.

얼른 내려가서 목사님 내외분을 예배당으로 모신 후 예배를 준비했습니다. 아내와 아이들이 예배당에 들어오고 나서 예배를 시작했습니다. 예배 전 찬송을 부르고, 교회 소식을 전하고, 예배로 초청하고 ……, 예배를 진행하면서 저도 모르게 등에서 땀이 흘렀습니다. 그럼에도 마음속으로는 기뻤습니다. 그해 처음으로 한솔교회에 방문하신 분들이었거든요. 그해 모든 주일을 저희 가정만 예배드렸는데, 그날은 함께하시는 분들이 있어서 얼마나 좋았는지 모릅니다. 함께 부르는 찬양도 더 힘이 있었고, 설교할 때도 가족 외에 청중이 있으니 저도 모르게 톤이 조금 올라갔습니다.

예배를 마치고 이천의 별미 물닭갈비를 대접했습니다. 그리고 지인이 운영하는 카페로 가서 커피를 마시며 오랜 시간 대화를 나누었습니다. 예순의 연세에도 열정적으로 사시는 모습, 그럼에도 모든 것이 하나님의 은혜라고, 하나님이 자신에게 그런 은사를 주셔서 가능했다고 말씀하시는 모습에서 목사님의 진심이 느껴졌습니다. 무엇보다 모든 상황에서 함께하시는 사모님이 참 멋있게 보였습니다.

오래전부터 한솔교회에 오고 싶으셨는데, 도저히 틈이 나지 않다가 이번에야 시간이 났다고 하셨습니다. 한솔교회에 오기 위해 그 전날 직접 인터넷에서 검색해 보셨다는 말씀에 더욱 감동을 받았습니다. 심지어 카카오 맵으로 상가 사진까지 전부 확인하셨다고 했습니다. 진심으로 격려를 받은 것 같았습니다.

때로는 집에서 편하게 예배를 드리고 싶을 때도 있지만, 그럼에도 오랜 시간 동안 매주 빠지지 않고 예배당에서 예배를 드린 것이 저와 우리 가정에 힘이 되고 있음을 확인하는 하루였습니다. 앞으로도 나태해지지 말고 성실히 자리를 지키라는 하나님의 음성을 듣는 것 같았습니다. 늘 깨어 있어야겠습니다.

성도는 우리 가족뿐입니다

"제 생일이

조금 특별하다는 것을 알았어요!"

성도가 가족만 있다 보니 예배를 드릴 때, 어려움이 있습니다. 언제 오실지 모르는 손님들이 계시기에 아내는 반주를 하고, 아이들만 회중석에 앉아 있는데, 그러다 보니 아이들이 예배에 집중하지 못할 때가 많습니다. 아이들이 모두 어리니 더욱 그렇습니다. 특히나 막내는 엄마에게 왔다 갔다 하면서 제 시선을 종종 빼앗습니다.

어느 주일이었습니다. 레위기 16장 본문으로 설교하며 속죄일 규례와 그 의미를 나누었습니다. 35분가량 설교를 했는데, 평소와 다르게 아내는 몸이 별로 좋지 않아 집중을 잘 못하는 것 같았습니다. 오히려 첫째는 그래도 조금 컸다고 집중을 잘하는 것처럼 보였고 설교 중간에 질문을 하기도 했습니다.

예배가 끝나고 첫째가 제게 다가왔습니다. 그러면서 설교를 들으며 메모했다면서 노트를 보여 주었습니다. 한 번도 그런 적이 없었는데, 예배에 집중하며 설교 메모까지 한 것을 보니 정신이 번쩍 들었습니다. 한편으로는 감사하기도 했습니다. 이런 일들이 제가 나태해지려 할 때 다시 마음을 다잡는 계기가 됩니다. 물론 아내와 아이들이 좋은 회중이 되어 준 것이 가장 힘이 되지만요.

예배가 끝나고, 몸이 별로 좋지 않은 아내를 대신해, 점심에 아이들에게 라면을 끓여 주었습니다. 먹으면서 갑자기 첫째가 제게 말했습니다.

첫째: 아빠, 오늘 설교를 들으면서 제 생일이 조금 특별하다는 것
    을 알았어요.

아빠: 그래? 어떤 이유에서?

첫째: 7월 10일이잖아요.

아빠: 응? 그런데? (잠시 시간이 흐르고) 아, 그렇구나!

그날 설교 내용이 속죄일 규례였는데, 속죄일이 7월 10일이어서 그렇답니다. 설교를 준비하고 설교를 하면서도, 첫째 생일과 속죄일의 날짜가 같다는 생각을 전혀 하지 못했습니다. 첫째는 아무래도 자기 생일과 같은 날짜라고 속죄일이 뜻깊게 다가왔나 봅니다. 물론 첫째에게 진실을 말할 수는 없었습니다. 유대인들의 달력으로 7월 10일(현대 양력으로 9월 말-10월 초)이라는 사실을요.

앞으로 어떤 상황에 처하든 자고하거나 나태해지거나 절망하지 않고 하루하루를 살아가면 좋겠습니다. 그리고 이렇게 주어지는 하나님의 은혜를 묵상하며 감사함으로 살아가면 좋겠습니다. 그러고 보니 지난날을 돌아볼 때 불평과 불만을 가지고 원망한 적이 없던 것 같습

성도는 우리 가족뿐입니다

니다. 물론 순간순간 아주 잠깐 그랬을지는 모르지만, 그러한 감정들이 저를 삼키지는 않았습니다. 그저 주어진 삶 속에서 자족하려 애쓴 것 같습니다. 앞으로도 그렇게 살 수 있기를 기도할 뿐입니다.

막내의
질문

첫째와 둘째는 전혀 안 그랬는데, 막내는 어느 순간부터 설교 중에 질문을 많이 합니다. 설교를 듣다가 궁금한 것이 생기면 바로바로 질문을 하네요. 다른 분들이 계실 때는 안 그러지만, 아무래도 가족끼리만 예배하는 시간이 많다 보니 자연스레 그렇게 되었습니다. 아내도 있고, 언제 손님이 오실지 모르다 보니 아이들 위주로 설교를 준비하지는 않습니다. 지금은 설교가 아이들에게 조금은 어렵게 들릴 수 있겠지만, 언젠가는 알아들을 것이라는 기대를 하기도 합니다.

열왕기상 20장을 본문으로 설교할 때였습니다. 아합 왕 때 있었던 아람과의 두 번의 전쟁 이야기였습니다. 아합, 아람, 벤하닷, 선지자, 바알, 아세라, 금송아지 등 아이들이 이해하기에는 조금 어려운 단어들이 등장했습니다. 물론 아합, 바알, 아세라, 금송아지란 단어를 반복적으로 몇 주간 듣기는 했지만, 그럼에도 아이들에게는 쉽지 않았을 것입니다. 막내가 질문하기 시작합니다.

"아빠, 벤하닷은 나쁜 사람이야? 착한 사람이야?"

성도는 우리 가족뿐입니다

"아빠, 돌이킨다는 게 무슨 뜻이야?"

"아빠, 아합이 하나님을 배신한 거야?"

"아빠, 하나님이 전쟁에서 이기게 하실 때 그럼 예수님은 어디에 계신 거야?"

질문이 꼬리에 꼬리를 물고 이어집니다. 막내가 질문하니 둘째도 질문을 하고요. 설교하다가 아이들의 질문에 답하다 보면 흐름이 끊기기도 하지만 그렇게 질문하는 아이들 때문에 제가 생각하지 못한 부분을 돌아보기도 합니다. 그리고 더 공부해야겠다는 생각이 들기도 하고요. 그저 아이들에게 고마울 뿐입니다.

웃기도 하다가
혼나기도 하다가

아내와 아이들하고만 예배를 하다 보면, 때로는 이런저런 웃지 못할 에피소드가 생기기도 합니다. 찬송가 86장 〈내가 늘 의지하는 예수〉를 부를 때였습니다. 1절부터 3절까지 잘 부른 후, 4절 두 소절을 지나 후렴을 부를 때였습니다. 후렴 가사는 "내가 의지하는 예수, 나의 사모하는 친구"입니다.

그런데 저도 모르게 "내가 좋아하는 예수"라고 불렀습니다. 아마 제 마음 깊은 곳에 늘 있는 표현이라 저절로 그렇게 불렀나 봅니다. 가사가 틀리니 갑자기 아내가 빵 터집니다. 아이들도 함께 빵 터집니다. 웃음 바이러스는 가라앉을 줄 모릅니다. 심지어 아내는 웃다가 눈물까지 보입니다.

사실 그리 빵 터질 일은 아닌데, 과거의 경험이 몰고 온 후유증 같습니다. 아내와 처남의 증언에 따르면, 결혼 전 가정 예배를 드릴 때 장인어른이 음정을 못 맞추셔서 온 가족이 예배를 중단할 정도로 배꼽 잡고 웃은 적이 있다네요. 그 후로는 가정 예배를 드릴 때마다

성도는 우리 가족뿐입니다

웃음을 참느라 너무 힘들었다고 하고요.

그러고 보니 작년 설과 추석 때에도 처가에서 가정 예배를 드리면서 정말 힘들었던 기억이 납니다. 또 웃을까 봐 서로 얼굴도 바라보지 못하고 찬송가만 뚫어져라 쳐다보며 찬양을 했는데, 그럼에도 새어 나오는 웃음 바이러스는 정말 참기 힘들었습니다.

아마 다른 분들이 계셨다면 이런 실수에도 웃지 않았을 텐데, 저희 가족만 예배하다 보니 이런 일이 종종 발생합니다. 이것도 나중에는 추억이 되겠지요?

또 어느 주일에는 이런 일이 있었습니다. 예배 시작 전 아이들이 떠들 것 같아서 한 의자에 한 명씩 앉혔습니다. 막내는 이것이 마음에 들지 않는지 울고 떼쓰다가 엄마한테 혼났습니다. 첫째는 무슨 생각에 잠겼는지 예배에 집중을 못하는 것 같았습니다. 문제는 둘째였습니다. 둘째가 갑자기 의자 위에 다리를 올리고 벌린 채로 앉아서 아주 편안하게 코를 파며 장난을 쳤습니다. 순간 저랑 눈이 마주쳤는데도 아무렇지 않다는 듯이 또다시 같은 자세를 반복했습니다. 이때 정말 고민이 되었습니다. '어떻게 해야 할까 …….' 그러다가 도저히 안 되겠다 싶어서 둘째를 혼냈습니다.

아이들이라 그럴 수 있다고 생각하지만 저와 눈이 마주쳤음에도 잘못된 행동을 멈추지 않은 것에 대해서는 그냥 넘어갈 수가 없었습니다. 그 뒤로는 아이들이 예배에 집중을 하는 것 같았고, 그렇게 예배는 끝났습니다. 첫째는 설교 시간에 졸기도 했지만요.

예배 시간에 웬만하면 아이들을 혼내지 않으려고 하는데, 이런 상황에 직면하면 그냥 넘어가기가 쉽지 않습니다. 예배에 함께 참여하는 분들이 있을 때에는 아이들이 나름 차분히 예배를 드리는데, 저희 가족만 예배할 때는 종종 이런 일이 생깁니다. 물론 1년 52주 거의 저희 가족끼리 예배하지만요.

그래서 작은 바람이 있다면 앞으로는 예배에 함께하는 분들이 생기면 좋겠습니다. 한 가정이라도 함께하면 아이들이 예배를 차분히 드릴 수 있는 계기가 될 것 같고, 저 스스로에게도 동기부여가 되어 나태해지지 않고 긴장하며 예배와 설교 준비를 더욱 성실히 하게 되리라 생각합니다. 이를 위해 지금도 저와 아내는 기도합니다.

성도는 우리 가족뿐입니다

첫 성찬

목회를 시작한 지 만으로 11년이 넘었습니다. 한솔교회에 부임한 지는 10년이 넘었고요. 11년 중 5년은 전도사로 섬겼고, 6년은 목사로 섬겼는데, 전도사로 섬긴 5년은 자격이 안 돼서 그렇다 하더라도 목사로 섬긴 기간에도 한솔교회에서 성례를 시행해 본 적이 없습니다. 근처에 있는 지역 교회와 연합으로 예배하며 성찬을 함께 시행해 본 적은 있지만요.

세례는 시행해 볼 기회가 아예 없었습니다. 막내는 유아 세례를 받을 나이가 지났고, 새로 오시는 분이 없으니 당연히 기회도 없습니다. 하지만 성찬은 고민이 되었습니다. 성찬을 시행한다 하더라도 아이들은 성찬에 참여할 수 없으니, 거의 저희 가족만 예배하는 상황에서 성찬을 시행하는 것이 쉽지 않기 때문입니다.

하지만 2020년 9월부터 성도 교육 목적으로, 예전 해설 예배를 시행하면서 언젠가는 성찬을 시행해야겠다고 생각했습니다. 사실 고흥을 떠나며 목회 계획을 구상할 때부터 예배 순서의 의미를 가르쳐

야겠다고 마음먹었고, 2015년에 한솔교회 목회 계획을 실천신학대학원대학교 과제로 제출할 때에도 이미 그 안에 성찬이 들어가 있었습니다.

드디어 그날이 왔습니다. 2021년 12월 19일, 한솔교회에서 첫 성찬을 시행했습니다. 한때 노인 대학에서 교리를 가르치기 위해 성례의 의미를 공부하기도 하고, 모교회에서 성찬을 시행하는 것을 몇 번 보기는 했지만, 막상 직접 하려니 공부가 필요했습니다. 그래서 다른 교회와 연합해서 성찬을 시행했을 때와 그동안 경험한 성찬을 복기하며, 감리교단의 헌법과 다른 교단의 헌법과 예배 모범을 참고하며, 머릿속으로 그려 보았습니다.

성찬을 시행하기로 한 전날에는 성찬을 위해 통식빵 하나를 샀습니다. 나름 이천에서 가장 비싼 빵집의 빵이었습니다. 포도주는 어떻게 할까 고민하다가 집에 있는 포도즙으로 대체하기로 했습니다. 예전에 한 목사님이 목재로 만든 성찬기를 나눔해 주셨는데, 빵 크기 때문에 그것은 사용하지 못할 것 같아 다른 그릇들을 준비했습니다.

첫 성찬은 예전 해설 예배를 드리며 시행했습니다. 예배 순서의 의미를 차근차근 해설하며 예배를 진행했습니다. 40분 정도 걸려 설교 전 예전을 진행했고, 설교 시간에는 첫 성찬에 맞추어 고린도전서 11장 후반부를 본문으로 성찬의 의미를 나누었습니다.

설교가 끝나고 목회 기도를 한 후 성찬을 시행했습니다. 다시 한

성도는 우리 가족뿐입니다

번 간략하게 성찬의 의미를 설명하고, 성찬 예식문에 따라 성찬을 시행했습니다. 아이들은 성찬에 직접 참여할 수 없었지만, 성찬상에 있는 떡과 포도주의 의미를 설명하며 빵이 반으로 갈라지는 과정과 손에 들린 포도주를 바라보게 했지요. 그리고 저와 아내가 떡과 포도주를 나누는 모습을 지켜보게 했습니다. 감사하게도 아이들이 진지하게 그 모든 것을 듣고 바라봐 주었습니다. 그렇게 들리는 말씀으로서의 설교와 보이는 말씀으로서의 성찬을 마쳤습니다.

말씀을 주신 하나님에게 감사의 마음을 담아 찬양하고, 마지막으로 회중들에게 강복 선언을 했습니다. 강복 선언은 모여서 하는 예배의 마지막 순서지만 삶의 예배에서는 시작이기에 주어진 말씀에 따라 일주일을 살아가면서 언약의 복에 참여하라고 독려했습니다.

아이들 신앙 교육은 언제나 숙제입니다. 그렇다고 집에서 하기에는 쉽지 않고요. 그래도 이제 아이들이 좀 컸다고 전부는 아니지만 조금이라도 알아듣고 눈으로 보며 배우고 있으니 감사할 따름입니다. 언젠가 아이들이 그 의미를 온전히 이해하며 예배할 날이 올 거라 믿습니다.

성도는 우리 가족뿐입니다

잘했다,
착하고 신실한 종아!

마태복음 25장 14-30절에는 널리 알려진 이야기가 나옵니다. 이른바 달란트 비유라 불리는 이야기입니다. 예수님이 천국에 대해 가르치시며 제자들에게 말씀하신 내용입니다.

그 이야기에 따르면, 주인이 5달란트를 맡겨 5달란트를 벌어 온 종에게나, 2달란트를 맡겨 2달란트를 벌어 온 종에게나 같은 말을 합니다. "잘했다! 착하고 신실한 종아. 네가 적은 일에 신실하였으니, 이제 내가 많은 일을 네게 맡기겠다. 와서, 주인과 함께 기쁨을 누려라"(마 25:21-23, 새번역).

한편, 1달란트를 받아 땅속에 숨겨 둔 종에게는 주인이 이렇게 말합니다. "악하고 게으른 종아, 너는 내가 심지 않은 데서 거두고, 뿌리지 않은 데서 모으는 줄 알았다. 그렇다면, 너는 내 돈을 돈놀이 하는 사람에게 맡겼어야 했다. 그랬더라면, 내가 와서, 내 돈에 이자를 붙여 받았을 것이다. 그에게서 그 한 달란트를 빼앗아서, 열 달란트 가진 사람에게 주어라. 가진 사람에게는 더 주어서 넘치게 하고, 갖지 못한 사람에게서는 있는 것마저 빼앗을 것이다. 이 쓸모 없는 종을 바깥 어두운 데로 내쫓아라. 거기서 슬피 울며 이를 가는 일이 있을 것이다"(마 25:26-30, 새번역).

저는 이 설교를 하며 주인의 평가에 주목했습니다. 일반적인 생각이라면 주인은 그들의 실적에 따라 차등하여 평가해야 합니다. 하지만 주인은 그들을 동일하게 평가합니다. 사람들은 흔히 과정보다는 결과에 주목합니다. 그래서 그들이 어떤 성공을 거두었는지, 얼마나 많은 돈을 벌었는지, 어떤 모습으로 살고 있는지 등을 보며 그 사람을 판단합니다.

그런데 저는 이 말씀을 보며 하나님은 우리를 그렇게 평가하지 않으신다는 것을 확신했습니다. 이 내용뿐만 아니라 성경 전반에 걸쳐 하나님은 우리 외모를 보고 평가하지 않으시고, 우리 중심을 보심을 말하고 계십니다. 다만, 우리에게 은사를 주신 만큼 그 은사를 성실하게 사용해야 한다는 것도 분명히 하고 계십니다.

이 말씀은 지금 한솔교회 상황에서 큰 위로가 됩니다. 현재 한솔교회는 10년 전이나 지금이나 다르지 않습니다. 그때도 성도는 저희 가정뿐이었고, 지금도 마찬가지입니다. 물론 중간에 한 가정이 오셔서 1년 동안 함께 예배했고, 중간중간 손님이 오시기는 했지만, 결과적으로는 달라진 것이 없습니다. 그래서 사람들은 저를 능력이 없고 패배한 자라고 평가할지 모릅니다. 물론 한솔교회도 그런 평가를 들

성도는 우리 가족뿐입니다

을지 모릅니다. 하지만 저는 하나님이 제 성취를 보고 평가하시지 않을 것임을 분명히 믿습니다. 물론 제가 때로는 나태하기도 하고 넘어지기도 하지만, 하나님은 제 마음가짐과 애쓰며 살아가는 모습을 보고 판단하실 거라 믿습니다. 그래서 저는 "잘했다. 착하고 신실한 종, 민철아!"라는 말씀을 듣도록 저의 성취와 상관없이 하루하루 성실하게 살아갈 것입니다.

PART 3.

그럼에도 제 길은
목회자입니다

"내 어머니 돌아가시면
장례 인도는 네가 해야 한다"

회심하기 오래전, 어둠의 시절에 알게 된 형님이 있습니다. 이 형님과는 지금도 한두 달에 한 번씩은 만나 교제하고 있습니다. 그런데 제가 회심 후 목회자가 된다고 했을 때부터 이 형님이 늘 하던 이야기가 있습니다.

"내 어머니 돌아가시면 장례 인도는 민철이 네가 책임져야 한다."

형님의 어머니는 예수님을 믿으셨는데, 안타깝게도 형님은 어머니가 출석하시는 교회와 그 교회 목사님을 탐탁지 않게 여기셨습니다. 형님이 그런 말을 쉽게 하는 분이 아님을 알았지만, 장례 인도는 중차대한 문제이기에 어떻게 될지 모른다고 생각했습니다.

2019년 4월 어느 날, 형님으로부터 연락을 받고 만났습니다. 형님은 어머니의 병세가 급격하게 안 좋아졌다며 저한테 장례를 준비하고 있으라며 재차 당부하셨습니다. 그리고 며칠 뒤 자정이 조금 안 된 시간, 휴대 전화에 형님의 전화번호가 떴습니다. 아차 싶었습니다. 그날 밤 형님의 어머니는 하나님의 부르심을 받으셨습니다.

성도는 우리 가족뿐입니다

그렇게 저는 장례를 처음 집례하게 되었습니다. 교육 전도사 시절에 담임 목사님이 장례를 집례하시는 것을 지켜보기는 했지만, 직접 하려니 막막했습니다. 지인들에게 물어보고 그에 따라 머릿속으로 상황을 그리며 준비했습니다. 잠도 잘 오지 않아 밤새 뒤척였고, 아침에 일어나 준비하고 아내와 함께 장례식장에 도착하여 첫 예식을 인도했습니다.

장례 집례도 처음이었지만, 이렇게 한 분이 이 세상을 떠나는 과정을 자세히 지켜본 적도 처음이었습니다. 특히 수골 과정에서 육체와 뼈는 재가 되었지만, 그분의 의료 보조기는 그대로 남은 것을 보며 뭐라 말로 표현할 수 없는 감정이 들었습니다. 이러한 과정을 지켜보면서 죽음이 끝이 아니고 부활의 소망이 있다는 것에 감사할 수밖에 없었습니다. 형님과 유가족이 이 시간을 통해서 예수님을 만나고 소망을 가지고 살아가게 되기를 기도할 뿐이었습니다.

아내는 저와 그 시간들을 함께했습니다. 장례식의 모든 일정을 마친 후 처가에 맡겼던 아이들을 데리고 집에 오니 거의 밤 10시가 되었습니다. 사흘 동안 아내가 함께해 준 덕분에 첫 장례의 모든 일정을 잘 마칠 수 있었습니다.

장례를 인도하는 가운데 전혀 예상치 못한 만남도 있었습니다. 형님의 30년 지기셨는데, 장례 셋째 날 납골 예식을 마칠 때까지 함께 계셨습니다. 화장을 하는 데 50분 정도 걸렸는데, 그때 그분과 대화를 나눌 수 있었습니다. 형님과 저의 관계가 신기하다고 말씀하시며 이런저런 질문을 하셨는데, 자연스럽게 하나님이 저를 어떻게 회심시키시고 지금까지 인도하셨는지 말씀드리게 되었습니다.

그분도 굴곡진 자신의 인생 이야기를 들려주셨습니다. 본인이 과거에 얼마나 방탕한 삶을 살았는지, 어떻게 예수님을 배척했는지, 가정이 무너지는 일을 겪으며 그 가운데 어떻게 하나님을 만나게 되었는지 등을 나누어 주셨습니다. 그 후에도 많은 일을 겪으시며 10년 동안 다니시던 교회를 떠났지만, 지금은 다른 교회를 다니며 유치부 교사를 맡아 행복한 신앙생활을 하신다고 했습니다. 그분과 저는 하나님이 어떻게 한 사람을 다듬어 가시는지를 함께 고백할 수 있었습니다.

수골을 하고 납골당으로 이동할 때 그분은 제 차를 타면 안 되겠느냐고 물으셨습니다. 그렇게 제 차로 이동하고 다시 돌아가기 위해 차를 타려는데, 갑자기 그분은 제 아내에게 10만 원짜리 수표 한 장을 건네셨습니다. 제가 아니라 제 아내한테 주시는 것임을 재차 강조하시며 말입니다. 얼마 전 본인에게 얼마의 돈이 생겼는데 왜인지는 모르겠지만 갑자기 아내에게 주고 싶은 마음이 드셨다고 말씀하셨습니다. 참 신기했습니다. 실은 그 다음날이 아내의 생일이었기 때문입니다. 그 사실을 말씀드리니 그분도 허허 웃으시며 함께 기뻐해 주셨습니다.

　　　　　　　　　　　　　성도는 우리 가족뿐입니다

예상치 못한 만남,
그리고 해야 할 일에 대한 자각

한솔교회에 부임하고 6개월 정도는 분위기를 살폈습니다. 당시 실천 신학대학원대학교를 다니면서 수업과 연계하여 마을 주민 설문 조사 를 실시했습니다. 그리고 상가 사장님들과 대화를 나누고, 지역 목사 님들의 이야기도 들으면서, 교회가 한솔아파트 상가에 정착한 지 12 년이 되었음에도 성도가 없는 이유를 파악했습니다.

파악은 했지만 막상 제가 할 수 있는 일이 없었습니다. 단지 교회 이름과 간판을 바꾸는 것밖에는요. 이미 망가질 대로 망가진 교회 이 미지를 어떻게 할 수가 없었습니다. 목회자가 바뀌었다는 것을 알리 기 위해서 현수막도 걸어 보고 성경 강의도 기획해 보았지만, 처음 2 년 반 정도는 그렇게 자리를 지키는 것 외에는 다른 뭔가를 할 수가 없 었습니다. 핑계일 수도 있지만 사람이 없다 보니 무언가를 할 수도 없 었습니다. 교회 공간을 개방하기 위해 나름 노력했지만, 결국은 사람 문제로 그만둘 수밖에 없었습니다.

2년 반이 지난 후에는 쓰레기봉투 전도를 시작했습니다. 아내와 단둘이서 할 수 있는 일이기에 1년 넘게 했습니다. 그런데 1년 반 정도 전도를 하면서 정말 쉽지 않다는 것을 뼈저리게 느꼈습니다. 교패가 붙어 있는 집에는 전도지를 돌리지 않았는데, 476세대 중 교패가 붙어 있는 세대는 80세대 정도였습니다. 우리나라 복음화율을 생각하면 한솔아파트는 그보다 웃돕니다. 아파트로 새로 이사 오시는 분들이 아닌 이상 한솔교회에 오시기가 어렵겠다는 생각이 스쳤습니다.

어느 날, 아내가 몸이 안 좋아 저 혼자 쓰레기봉투 전도를 한 적이 있습니다. 두 시간 정도 걸려 전도지에 쓰레기봉투 붙이는 작업을 했습니다. 그 후, 전도지를 문고리에 걸어 두러 다녔습니다. 평소 같으면, 제가 홀수층, 아내가 짝수층을 맡아 한 시간 정도면 마무리하는데, 그날은 저 혼자 모든 집에 전도지를 걸어야 해서 두 시간 이상 걸렸습니다. 그러다 어느 집 앞에 시선이 머물렀습니다. 그 문에는 한솔교회의 이전 이름인 '은혜교회'의 교패가 걸려 있었습니다. '아, 이 아파트에 한솔교회에 나오셨던 분이 계시구나.' 이런 것을 보며 한솔교회의 현실을 더욱 알 수 있었습니다.

한번은 어떤 분이 전도지를 보고 교회를 방문하시기도 했습니다. 예배당에 들어오시는데 순간 굉장히 어색해 하시는 것이 느껴졌습니다. 그분은 바로 나가실 수 없어 함께 예배를 드리셨는데, 나가시면서 성도가 없는 이유를 물으셨습니다. 그분이 급하게 나가시려는 것 같아서 저는 "사정이 있습니다"라고 짧게 답을 드릴 수밖에 없었

성도는 우리 가족뿐입니다

습니다. 그분은 이사 오서서 교회를 찾고 있으며 기회가 되면 또 오겠다고 말씀하시고는 그 뒤로 안 오셨습니다. 그런데 몇 주 뒤에 아파트 근처에 규모가 좀 있는, 같은 교단 교회에 등록하셨음을 알게 되었습니다.

그해 말쯤, 타 교단 교회에 청빙 공고가 올라와서 지원을 해볼까도 했지만 사정상 접을 수밖에 없었습니다. 시내로 교회를 이전할 기회도 있었는데 도저히 비용이 감당할 수 없는 수준이어서 그 또한 접을 수밖에 없었습니다. 그래도 무언가를 해야 할 것 같아 제가 할 수 있는 것은 최대한 해보려고 했습니다. 그러던 중 당시 지인에게 교회 사정을 나눌 기회가 생겼는데, 지인의 말을 듣고 어린이 사역을 하면 좋겠다는 생각이 강하게 들었습니다. 한때 임대 아파트였다 보니 젊은층과 노년층이 많이 살고, 비교적 아이들이 많아서 그런 생각이 들었던 것입니다. 당시에는 제 아이들도 9살, 7살, 4살이었습니다. 그런데 문제가 하나 있었습니다. 제가 이 방면에 전혀 은사가 없다는 것입니다. 어린이 사역은 감도 잡히지 않을 정도로 문외한이었습니다. 어린이 사역을 함께할 분을 모시고 싶어도 형편상 사례를 드릴 수 없고 교통비 정도밖에 드릴 수 없어서 고민했습니다. 결국 SNS에 동역할 분 또는 아이디어를 청하는 글을 올렸습니다.

그 글을 올린 지 꽤 시간이 지나서 손님 세 분이 한솔교회를 방문하셨습니다. 제가 올린 어린이 사역 관련 글을 보시고 한 분이 도움을 주고 싶다고 하셨는데, 그동안 서로 시간이 맞지 않다가 겨우 시간을 맞춰 만날 수 있었습니다. 그분은 평소 가깝게 지내시는 집사님 두 분을 모시고 오셨습니다. 공부방을 운영하시면서 아이들에게 복음을 전하고자 1년에 12주씩 두 차례 어린이전도협회에서 제공하는 새신자반을 운영하고 있는 분들이었습니다. 그분들은 관련 자료들을 보여 주시고, 대략적으로 어떻게 운영하시는지 말씀해 주셨습니다. 또한 주변에 새신자반을 운영하시는 사모님과 동역해 볼 것을 권유하셨고, 어린이전도협회에서 진행하는 강의도 들어 볼 것을 권하셨습니다. 집사님들의 제안을 듣고 어린이전도협회 강의를 들어 보기로 계획하고, 새신자반을 꾸준히 하시던 사모님과 동역하며 노하우를 배우려고 했지만, 이상하게 그 일들은 계획대로 진행되지 않았습니다.

하지만 그때의 만남은 예상치 못한 일로 이어졌습니다. 그날 저

　　　　　　　　　　　　　성도는 우리 가족뿐입니다

희는 교회 현실을 허심탄회하게 나눴습니다. 교회에서 겪는 어려움, 교회 안에서 채워지지 않는 말씀에 대한 갈급함, 목회자들의 비리, 투명하지 않은 교회 운영 등 다양한 주제로 대화를 나눴습니다. 그중 한 분은 목회자랑 이렇게 대화해 본 것이 처음이라고 말씀하셨습니다.

저는 대화를 통해 성도들의 의식은 깨어나고 있는 반면, 목회자들의 의식은 여전히 과거에 머물러 있음을, 오히려 더 과거로 거슬러 가고 있음을 느꼈습니다. 어쩌다가 이렇게 되었는지 안타까웠습니다. 한편으로는 교회가 이렇게 욕을 먹고 있는 상황에서도 아직까지 버틸 수 있는 것은 교회를 사랑하고 교회를 위해 고민하며 하나님을 사랑하는 성도들이 있기 때문이라고 생각했습니다. 세 분과 대화하며 목회자로서 제가 해야 할 일이 무엇인지를 다시 한 번 새기는 계기가 되어 더욱 감사했습니다.

작지만 귀한
성경 공부 모임

2017년 8월, 한솔교회 부임 초기, 목회자가 바뀌었음을 알리기 위해 열었던 부흥회에서 알게 된 집사님 두 분과 성경 공부를 하기로 의견을 나누었습니다. 9월에 처음으로 모였고, 두 번째 모일 때에는 세 분의 집사님이 합류하셔서 총 다섯 분과 함께 성경 공부를 시작했습니다.

초기 1년 동안은 한 집사님이 집을 개방해 주셔서 주로 그곳에서 모임을 진행했고, 그 외에는 한솔교회 예배당에서 모였습니다. 하지만 1년 뒤에 집을 제공해 주시던 집사님이 개인 사정으로 그만두시고, 얼마 뒤 또 다른 한 분이 그만두시면서 세 분의 집사님과 2년 넘게 한 달에 한두 차례 씩 모여서 성경 공부를 하고 성도의 교제를 나누었습니다. 교단도 다 다른데 어떻게 이렇게 모이게 되었는지 지금 생각해도 참 신기합니다.

첫 모임에서는 성경을 왜 읽어야 하는지, 어떻게 읽어야 하는지를 함께 나누었고, 창세기부터 각 권을 개관하고 본문을 읽으며 그 내용을 확인하는 방식으로 진행했습니다. 방학 때는 집사님들이 학원

성도는 우리 가족뿐입니다

선생님, 공부방 선생님이어서 정기 모임을 갖지 못했지만, 그 대신 8주에 걸쳐 「특강 종교개혁사」(흑곰북스)를 함께 읽고, 저자를 초청하여 후기를 나누기도 했습니다. 그렇지 않을 때는 밥과 커피를 먹으며 대화를 나누는 등 다양한 방법으로 성도의 교제 시간을 가졌습니다.

때로는 눈물을 흘리시며 본인의 아픔과 현실의 고민을 나누기도 하시고, 때로는 답이 없는 문제를 가지고 함께 아파하기도 했습니다. 그러면서 서로를 위로하고, 힘을 얻기도 하며, 자신의 삶을 돌아보기도 하는 등 행복한 시간을 보냈습니다. 개인적으로는 목사로서의 외적인 부르심을 확인하는 모임이기도 했습니다.

코로나19 때문에 모임이 중단되었을 때, 무척이나 아쉬웠습니다. 성경 공부 진도 나가는 것이 목적이 아니었기에 예레미야서까지밖에 보지 못했으나, 바라기는 모임이 재개되어 그분들과 요한계시록까지 마칠 수 있으면 좋겠습니다.

목회자로서의

소망

2006년에 회심했을 때만 해도 저는 그냥 아무 생각 없는 기독교인에 불과했습니다. 그러나 지금은 하나님의 강권적인 부르심과 말씀을 통한 인도하심으로 살아가고 있습니다. 저는 하나님 말씀의 힘을 믿습니다.

물론 회심 후에도 지금까지 살아오면서 실수를 많이 했습니다. 특히나 하나님의 말씀을 안다고 착각하고 함부로 칼을 휘둘러 제가 만난 사람들을 다치게 했습니다. 말씀을 가지고 함부로 사람을 재단하기도 했고요. 스스로를 돌아보지 않은 채 말입니다. 돌아보면 참 부끄러운 시간이었습니다. 그러나 주님은 그 경험들을 통해서도 저를 자라게 하셨습니다. 제 부족함과 연약함, 교만함을 깨닫게 하셨고, 저를 낮아지게 하셨습니다. 또한 사람의 형편이 다 다르다는 것도 알게 하셨습니다. 하지만 저는 여전히 부족하고 교만합니다.

회심 후 돌아온 교회 현장에서 경험한 일들로 인해 저는 성경 교육의 필요성을 절실히 느꼈고, 그에 따라 성경을 배우고 연구했습니

성도는 우리 가족뿐입니다

다. 교회 현장에서 성도들이 성경을 오해해서, 즉 하나님을 왜곡되게 알아서 잘못된 방향으로 신앙생활하고 있음을 보기도 했습니다. 성도들과 신앙 상담을 하면서도 그 필요를 깨달았습니다.

그동안 저는 여러 방식으로 성경을 가르쳐 왔습니다. 물론 제가 성경을 잘 알아서 가르치는 것은 아닙니다. 아는 만큼 함께 나누고, 모르는 것은 함께 공부하고 있을 뿐입니다. 그런데 성경을 공부하면서 함께하는 분들에게 하나님을 아는 지식이 생기고, 그분들이 하나님의 마음을 알아가면서 삶의 자리에서 그리스도인으로서 어떻게 살아야 할지 고민하시는 모습을 보게 됩니다. 이전에는 두루뭉술하던 것이 조금 더 명확해지면서 구체적으로 고민하는 모습을 보게 됩니다. 이것은 저도 마찬가지입니다.

하나님을 아는 지식이 우리 삶에 끼치는 영향이 매우 크다고 생각합니다. 아니, 하나님을 아는 지식은 우리 삶을 형성한다고 믿습니다. 하나님을 왜곡되게 알면 우리 삶 또한 왜곡되고, 하나님을 바르게 알면 우리 삶도 교정된다고 믿습니다. 그래서 성경을 공부하고 함께 나누는 일을 쉴 수가 없습니다.

아무도 오지 않는 교회에서 목회하는 제게 목회자로서의 외적인 부르심은 늘 고민입니다. 내적인 부르심은 분명하지만 말입니다. 그래서 저는 '나는 목회자로서 무엇을 해야 하나'라는 질문을 늘 마주할 수밖에 없습니다.

　이천과 여주에서 만난 집사님들과 성경 공부를 하면서, 노인 대학에서 강의를 하면서 그 고민은 더욱 커졌고, 2019년 하반기에는 어느 정도 결론을 내렸습니다. '이제 성도들이 찾아오기를 기다리기보다 내가 성도들을 찾아가야겠다'고 말이지요. 마침 그해 하반기부터 제게 일어나는 일들 때문에 마음먹은 대로 해야겠다는 확신이 더욱 강해졌습니다. 생계유지도 중요하지만, 해야 할 일을 지금 하지 않으면 안 될 것 같은 느낌, 그리고 제가 하고 싶은 일, 제가 가장 잘할 수 있는 일을 해야겠다는 느낌이 강하게 들었습니다.

　성경을 배우고 삶을 나누고 싶지만 그럴 수 없는 환경에 계신 분이 주변에 많다고 들었습니다. 교회를 떠나 고통스러워하시는 분도 많다고 들었습니다. 사실 함께 공부하시던 집사님들도 그런 환경에 계셨기에 이런 현실을 외면할 수 없습니다. 개교회에서 교육을 받고

　　　　　　　　　　　　　　성도는 우리 가족뿐입니다

목양을 받는 것이 가장 바람직한 일이지만, 현실은 그렇지 않아서 참 안타깝습니다.

2020년 1월, SNS에 성경을 함께 공부하며 삶을 나누고 싶은 분들이 계시면 제가 찾아가겠다고 글을 올렸습니다. 수도권 전역과 이천에서 차로 1시간 내외의 거리라면 제가 가겠다고 말이지요. 단, 적어도 두 분 이상이 모여야 하지만, 그 외의 다른 조건은 전혀 없다고 말입니다. 성경을 통해 하나님을 알고 싶고, 하나님을 아는 지식을 통해 자기 삶을 돌아보기를 원하는 마음만 있다면 그것만으로도 충분하니, 언제든지 연락을 달라고 했습니다.

이렇게 마음먹기까지 고민도 많았습니다. '과연 내가 성경을 가르칠 수 있는 자격과 능력이 되나?', '이렇게 하는 것이 교회를 혼란스럽게 하는 것이라면 어쩌지?' 제가 성경을 더 잘 알아서 시작하는 것도 아니고, 능력이 있어서 시작하는 것도 아니었습니다. 그저 제가 아는 만큼, 하나님이 제게 은혜를 주셨기에 함께 나누고 싶은 마음에 시작하려고 했을 뿐입니다. 또한 이것을 통해서 위로와 힘을 얻을 수 있는 분이 한 분이라도 있다면, 그것으로 족하기에 시작하려고 했을 뿐입니다.

하지만 2020년 2월 코로나19가 시작되고, 점차 확산되면서 이 모든 계획이 물거품이 되었습니다. 개인적으로는 참 아쉽지만, 어쩌면 제가 아직 준비가 덜 되어서 하나님이 막으셨을지도 모른다는 생각이 들기도 합니다. 그래서 지금은 잠잠히, 적절한 때가 오기를 기다리고 있습니다.

제가 바라는 것은 한 가지입니다. 성도들이 스스로 성경을 읽고, 생각하고 질문하며 교회 일에 자발적으로 참여하는 것입니다. 누군가를 의존하는 성도가 아니라, 하나님과 말씀 앞에 스스로 서는 성도가 되도록 성도의 영혼을 살피고 성도를 교육하는 것이 목사의 역할이라 생각합니다.

현재 한국 교회는 참 아픈 시기를 지나고 있습니다. 개혁적인 무엇인가를 하더라도 전혀 변화되지 않을 것 같은 느낌이 들기도 합니다. 교계에서 들려오는 소식은 그러한 느낌이 단순한 느낌이 아님을 보란 듯이 증명하는 것 같습니다.

그럼에도 저에게는 소망이 있습니다. 당장은 아니겠지만, 지금이라도 눈물로 열심히 심는다면 다음 세대, 그 다음 세대에서라도 그 열매가 맺힐 것이라는 소망입니다. 우리의 신실함이 아니라, 하나님의 신실하심을 믿기 때문입니다. 그래서 저는 지금 제가 할 수 있는 일을 할 뿐입니다.

성도는 우리 가족뿐입니다

어르신들과
함께하는 시간

2018년 1월, 어느 교회 노인 대학에서 강의를 맡아 줄 수 있느냐는 요청이 들어왔습니다. 강의 주제는 '교리 기초'였습니다. 평소에 교제하던 전도사님이 그 노인 대학에서 사역하고 계셨는데, 마침 강의 하나에 강사가 비게 되어서 저를 추천하셨다는 것입니다. 고민이 되었습니다. 평소에 성경 개관 강의는 종종 했지만, 교리 관련 강의는 해보지 않았기 때문입니다. 그럼에도 교단에 속한 교회에서, 비록 노인 대학이라고 하지만 우리가 믿는 바가 무엇인지를 나눌 수 있다는 기쁨에 그 제안을 수락했습니다.

주교재로 어떤 책을 선택할까 고민하다가 「특강 소요리문답」(혹곰북스)을 선택했습니다. 첫 강의부터 세 번째 강의까지는 '교리를 왜 공부해야 하는지'와 '우리가 배울 교리의 역사적 배경'을 「특강 종교개혁사」와 초대 교회사 관련 책을 정리해서 나누었습니다. 그리고 상반기 나머지 강의에서는 웨스트민스터 소요리문답 1문부터 38문까지를 어르신들과 함께 나누었습니다.

강의해 보신 분들은 아시겠지만, 강의를 하면서 가장 많이 배우게 되는 사람은 강의자 자신입니다. 알았던 내용도 강의를 준비하면서 다시 정리하게 되고, 시행착오를 겪으면서 강의를 다듬어 가기 때문입니다. 저도 그랬습니다. 소요리문답 1문부터 논리적 흐름에 따라 38문까지 정리할 수 있었고, 어르신들에게 어떻게 하면 더 잘 전달할 수 있을까 계속 고민하게 되었습니다. 무엇보다 어르신들이 열정을 가지고 배우시고자 하는 모습이 확연했기에 그 모습을 보면서 도전을 받았습니다.

강의 시작할 때 열여덟 분이 신청하셨고, 강의 중간에 사정상 네 분이 빠지기는 했지만 어르신 열네 분이 최선을 다해 스무 번의 강의에 참석하셨습니다. 두껍고 무거운 책이라 들고 다니기가 버겁다고 어려움을 살짝 말씀하시기도 했지만 어르신들은 끝까지 완주하셨습니다.

코로나19는 노인 대학 강의에도 영향을 주었습니다. 2018년 첫해에는 '교리 기초'를, 다음 해에는 '성경 통독'을 강의했는데, 2020년에는 코로나 방역 지침으로 노인 대학의 모든 강의가 취소되었습니다. 2021년에 노인 대학이 다시 개강했지만, 코로나 상황 때문에 제한적으로 열렸고, 그것도 유튜브로 녹화해서 수업 시간에 실시간 재생하는 방법으로 시행되었습니다. 제게도 요청이 왔으나 엄청 고민했습니다. 당시 많은 교회가 코로나 상황에 대비해서 줌이나 구글 미트,

또는 다른 영상 플랫폼으로 예배를 실시간 송출했는데, 한솔교회는 가족만 예배하니 영상을 찍을 일도, 영상을 편집할 일도 없었습니다. 제가 유튜브 강의를 할 수 있을지도 고민되었습니다. 그때 아내가 한마디 툭 던졌습니다. "여보, 그래도 해 봐." 그 말에 용기를 내어 노인 대학 측 요청을 수락했고, 유튜브 촬영을 하게 되었습니다.

그해에는 성경 기초 강의를 했는데, 성경을 왜, 어떻게 읽어야 하는지와 전체 개관을 나누었습니다. 그 내용들을 30분 내외로 20개 강의에 담는 일은 정말 만만치 않았습니다. 1시간 반씩 20개의 강의로 하던 것을 압축하여 30분 내외로 담아야 하는 것이 참 어려웠습니다.

멋모르고 시작해서 할 수 있었지 이 과정을 알았다면 시도도 안 했을 것입니다. 그리고 청중 없이 화면만 보고 강의한다는 것이 이렇게 힘든지 몰랐습니다. 게다가 대면이나 줌은 강의 중 실수를 해도 자연스럽게 넘길 수 있는 상황이 허락되는데, 녹화는 실수하면 그대로 남기에 간단한 편집이라도 해야 했습니다. 그것도 보통 일이 아니더라고요. 왜 편집을 생노동이라고 하는지 아주 조금이나마 알게 되었습니다.

노인 대학 강의는 제게 큰 의미가 있습니다. 저는 목회자의 역할을 말씀을 연구하고 가르치며 성도들을 목양하는 것으로 이해하고 있습니다. 물론 저는 가장이기에 가족을 부양할 책임도 있지요. 그런 현실적인 어려움 때문에 말씀을 연구할 시간이 부족하기도 합니다. 그런 한솔교회 상황에서 노인 대학 강의는 제가 목회자로서의 정체성을 확인할 수 있게 해줍니다. 성도가 가족만 있는 상황에서 말씀을 연구하고 강의할 수 있는 기회가 거의 없는데, 이런 기회가 주어진 것만으로도 감사할 따름입니다. 이런 기회 덕분에 그나마 제가 목회자로서의 직분을 감당해 나갈 수 있는 것 같습니다.

성도는 우리 가족뿐입니다

"하나님,

민철이 주의 종 되게 해주세요"

어느 날 밤 늦게 고등학교 친구의 장인어른이 돌아가셔서 부천에 다녀온 적이 있습니다. 친구는 미국에서 공부 중이라 쉽게 한국에 들어올 수 없는 상황인데, 상을 치르느라 5일의 말미를 얻어 들어왔다고 합니다. 장례를 마치고 바로 미국으로 다시 간다고 되었습니다.

친구는 미국에서 출발하기 전 제게 카톡으로 연락을 했습니다. 고등학생 때 아주 가깝게 지냈던 친구인데, 졸업 후에도 종종 연락하며 만났습니다. 그 친구와 함께 만나던 친구들도 있는데, 모두 결혼하여 가정을 이루고, 일하느라 바빠서 최근에는 연락을 자주 하지 못했습니다. 그러다 이번에 오랜만에 보게 된 것입니다.

친구에게 연락이 왔으니 저는 또 다른 친구 한 명에게 연락을 했습니다. 그 친구는 소사역 근처에서 목회를 하고 있는데, 장례식장이 소사역 근처에 있어서 바로 올 수 있었습니다. 친구는 회사를 다니면서 신학을 공부했고, 결국에는 목회자의 길을 걷고 있습니다. 그러다 보니 저와 더 마음이 통하는 부분이 있어서 이런저런 대화를 주고받았습니다.

한 시간 정도 대화를 하고 나오면서 상을 당한 친구와 잠시 인사를 나누었습니다. 공부를 마치고 입국할 때 다시 만나기로 했습니다. 그리고 저는 그 친구에게 이렇게 말했습니다.

"너 기억나냐? 나 회심 직전에 네가 너희 교회 집회 때 나 초청했던 거! 그때 하나님 때문에 교회 간 게 아니고 너 보러 간 거였는데."

이 말을 들은 그 친구가 이렇게 이야기하더라고요.

"당연히 알지. 나 사실 감사 헌금 봉투에 만 원 넣으면서 이렇게 썼어. '하나님, 민철이 주의 종 되게 해주세요.'"

"뭐?! 왜 그랬어? 내가 목사 된 게 너 때문이었구먼! 하하하하하."

참 신기합니다. 스물여덟 살 때인 2006년 1월만 해도 저는 제가 목회자가 될 줄 몰랐고, 소사역 근처에서 목회하는 친구도 그렇게 될 줄 전혀 몰랐습니다. 게다가 그 친구는 몇 년 전까지만 해도 회사를 다녀서 목회자가 된다는 생각을 전혀 안 했는데, 지금은 둘 다 목회를 하고 있네요. 혈기왕성하던 친구와 저는 둘 다 머리도 하얗고, 혈기도 빠지고, 주름도 늘었습니다. 이제 서로의 가족과 건강을 이야기하는 나이가 되었습니다. 그러면서 주님을 더욱 의지하자고 이야기하는 사이가 되었습니다. 하나님의 인도하심이란 참 신기합니다.

어쨌든 친구가 그때 그렇게 감사 헌금 봉투에 쓰지만 않았어도……. 물론 저는 지금 제 삶에 매우 만족하며 감사하고 있습니다.

성도는 우리 가족뿐입니다

제 뒤통수를
세게 때려 주세요!

우리 교단에서도, 타 교단에서도 건강하다고 생각했던 선배 목사님들의 안타까운 소식을 듣게 됩니다. 설교 표절, 권력 남용, 권력 독점, 교회의 사유화, 그에 따라 파생하는 문제 등이 그렇습니다.

요즘 멀리서 보는 것과 가까이에서 보는 것은 정말 다름을 뼈저리게 느끼고 있습니다. 그분들이 원래 그랬던 것인지, 아니면 중간에 변한 것인지는 모르지만, 어쨌든 존경할 만한 선배들이 사라져 간다는 것이 가슴 아픕니다.

물론 저도 그분들과 같은 위치에 있다면 변하지 않을 것이라는 확신은 당연히 없습니다. 저도 사람이기에 얼마든지 변할 수 있습니다. 그렇기에 끊임없이 자신을 성찰하고, 또한 제도적으로도 자신의 변질을 막을 수 있는 장치를 마련해야 하는데, 인간의 탐욕이 그렇게 하지 못하게 막는 것 같습니다.

그래서 저는 목회자가 기본적인 생활비를 많이 넘어서는 사례를 받아서는 안 된다고 생각합니다. 또한 교회도 일정 규모 이상 커지면

안 된다고 생각합니다. 이렇게 해야 그나마 변질될 가능성이 줄어든다고 생각하기 때문입니다. 물론 생활비를 적게 받는다고, 교회 규모가 작다고 변질되지 않는다는 말이 아닙니다. 저를 포함하여 누구도 자유로울 수 없다고 생각합니다.

어느 날 친한 동생이 제게 말했습니다.

"형, 제가 변한다 싶으면 설교단에 올라와서 제 뺨을 세게 때려 주세요."

그리고 저도 전에 몇몇 분에게 이렇게 이야기한 적이 있습니다.

"만약 제가 변한다 싶으면 뒤통수를 세게 때리거나 욕하서도 됩니다."

그럼에도 말씀을 연구하고 가르치며, 영혼을 사랑하고, 말씀대로 살기 위해 몸부림치는 선배 목사님들이 곳곳에 계십니다. 후배들에게 지금과 같은 교회 현실을 남겨 준 것을 미안해 하시는 선배들이 계십니다. 본인 잘못이 아님에도 말입니다. 그런 선배들을 보면서 후배인 저는 힘을 얻습니다. 앞으로도 이 세상의 가치관과 타협하지 않는 선배들을 보고 싶습니다. 저 또한 그렇게 살기 위해, 그런 목회자가 되기 위해 몸부림치겠습니다.

성도는 우리 가족뿐입니다

불러 주시면
어디든

그동안 저는 한솔교회에 있으면서 외부 예배나 집회 강사로 섬길 기회가 별로 없었습니다. 아무래도 가족만 있는 교회를 섬기고, 무명이기에 저를 불러 주시는 곳이 거의 없기 때문입니다. 그럼에도 간혹 저같은 목회자를 불러 주시는 곳이 있습니다.

한번은 어느 교회에서 저를 말씀 사경회 강사로 초청해 주셨습니다. 동기가 개척한 교회인데, 그 교회 성도들은 말씀을 무척 사모했습니다. 그 교회가 어떻게 개척되었고, 현재 어떻게 운영되는지를 잘알기에 동기와 성도들이 얼마나 말씀을 사모하는지가 더욱 느껴졌습니다.

'하나님이 원하시는 공동체'라는 주제로 구약부터 신약까지 살폈습니다. 오후 2시에 시작해서 중간에 10분 정도 쉬고 3시간 반 동안 말씀을 전했습니다. 하나님의 말씀을 사모해서 모인 분들이라 그런지 몰입도가 어마어마했습니다. 저에게 시선을 집중해 주시고, 메모도 하시며, 성경도 찾으셨습니다. 그래서 그런지 말씀을 전하는 내내 힘

성도는 우리 가족뿐입니다

이 났습니다. 사실 당시에 잠을 거의 못 잔 채로 강의하러 내려갔기에 많이 피곤했는데도 강의 시간만큼은 피곤하다는 생각이 전혀 들지 않았습니다.

또 한번은 김포의 어느 교회에서 중고등부 수련회 강사로 섬겼습니다. 규모가 크지 않은 교회라 몇 명 안 되는 중고등학생이 참석했습니다. 예배당도 작아서 학생들이 한눈에 보였습니다. 저에게 주어진 시간은 4시간 정도였는데, '하나님의 열심'이라는 주제로 말씀을 전했습니다. 어찌 보면 아이들에게는 지루할 수 있는 주제지만, 아이들은 반짝이는 눈으로 저를 바라봤습니다. 그렇게 저를 바라보고 있는 아이들을 보니 울컥해졌습니다. 저도 최대한 아이들이 쉽게 이해할 수 있도록 이야기 형식으로 창세기부터 말라기까지, 그리고 예수 그리스도의 이야기를 전했습니다. 살아 있는 느낌이었습니다.

그 후에 그 교회에서 임원 교육 강사로 섬길 수 있는 기회를 갖게 되었습니다. 사실 한솔교회는 성도가 없기에 임원 교육을 할 일이 전혀 없습니다. 그럼에도 그 교회는 저를 임원 교육 강사로 불러 주셨고, 저는 미래에 있을 한솔교회 직분자 교육을 한다고 생각하며 강의를 준비했습니다. '에베소서에 나타난 교회론'을 중심으로 구약의 공동체와 신약의 교회들을 실례로 살폈습니다. 이때 고흥에서의 공동체 경험이 제게 큰 자산이 되어 있음을 느꼈습니다.

그리고 서울의 한 교회에서 청년부 수련회 강사로 섬긴 적도 있습니다. 사실 이 집회는 갑작스레 가게 되었습니다. 수련회 이틀 전에 강사 섭외를 받았으니까요. 그럼에도 기쁨으로 수락하고 준비해서 한 시간 조금 넘게 청년들에게 '그리스도인이 된다는 것'이라는 주제로 강의했습니다. 아침 예배라서 새벽에 집에서 출발해야 했지만, 말씀을 전할 수 있다는 사실에 벅찼습니다.

강사로 초청받아 강의할 수 있다는 것은 제게는 큰 의미입니다. 교회 교사로서의 정체성을 확인할 수 있기 때문입니다. 성경을 공부하며 연구하던 것을 교회 현장에서 가르치고, 성도들과 함께 호흡할 수 있음이 제게는 매우 벅찬 일입니다. 그래서 마음먹었습니다. '말씀을 전할 수 있는 곳이고, 불러만 주신다면 어디든 가자'라고 말입니다.

성도는 우리 가족뿐입니다

하나님을
찬양할 수밖에 없는 이유

얼마 전, 어느 집회에서 말씀을 전할 기회가 있었습니다. 현장에서 듣는 분도 계셨고, 유튜브를 통해 듣는 분도 계셨습니다. 어떤 말씀을 준비할까 오랜 시간 고민하다가 사사기 17장으로 말씀을 전하기로 결정하고, 집회 일주일 전 담당 목사님에게 본문과 제목을 보냈습니다.

그런데 당일, 집회에 초청해 주신 목사님과 저녁을 먹으며 대화하는 가운데, 집회 특성상 본문 설교가 아닌 제가 살아가는 이야기를 들려주면 좋겠다고 제안해 주셨습니다. 사실 3개월 전 초청해 주시면서 이것을 제안해 주시기도 했지만, 저는 제 이야기보다는 본문 설교를 하고 싶었습니다.

사실 저는 설교 중에 제 개인 이야기를 거의 하지 않습니다. 심지어 예화도 거의 들지 않고, 본문 중심으로 말씀을 전하려고 합니다. 그런데 신기하게도 그 해에만 제 개인 이야기를 세 번이나 전하게 됐습니다. 목포에 초청받아 말씀을 전하러 갔을 때와 개인적인 일로 하동에 갔을 때, 그리고 그때가 그렇습니다.

별다른 이야기는 아니었습니다. 11년간 목회를 하면서 거의 대부분 주일에 저희 가족하고만 예배를 드리고 있고, 다양한 아르바이트 등을 하며 생계를 유지하면서도 아주 행복하다는 이야기였습니다. 그리고 그것이 가능한 이유는 제가 하나님을 만난 경험 때문이었음을 나누었습니다.

집회가 끝나고 집에 돌아와서 양가 어머니들께 설교 링크를 보내 드렸습니다. 그리고 저를 위해 기도해 주시고 응원해 주시는 둘째 이모님에게도 보내 드렸습니다. 그 다음날 어머니는 제게 전화로 이런 말씀을 하셨습니다.

"아들, 사실 엄마는 충격을 받았어. 우리 아들이 20대 때 방황한 것은 알고 있었고, 그 기간이 3년 정도인 줄 알았는데, 그보다 훨씬 긴 시간 동안 방황을 했다고 하니 놀랐어. 그런데 그 시간을 보내고 지금의 아들이 있으니 하나님에게 얼마나 감사한지 몰라. 이게 모두 하나님의 은혜야."

사실 그동안 말씀드리지 않은, 아니 하지 못한 흑역사가 몇 개 있거든요. 아마 그 영상을 보고 아셨나 봅니다. 그리고 그 이튿날 아침, 둘째 이모는 제게 이런 메시지를 보내셨습니다.

"참 많이 고맙고 감사하다. 처음에는 조카의 간증으로 듣다가 어느 순간 목사님의 간증으로 들리더구나. 다 듣고 난 후에는 아주 깊은 신앙 선배의 말씀으로 울림이 되더구나. 오늘 하루 정말 감사한 마음

성도는 우리 가족뿐입니다

으로 살아야겠다. 말씀을 들으며 감사가 넘치고 은혜로운 시간이었다. 기도할게. 너는 하나님에게도 자랑스럽지만 이모에게도 자랑스러운 목사님이자, 조카야. 사랑한다."

하나님을 만난 경험은 제 과거를 해석하고 현재를 살아가는 힘이 됩니다. 그리고 미래에 대한 소망도 주고요. 물론 신앙이 있다고 제게 어려움이 없는 것은 아닙니다. 질병도 피할 수 없고, 앞으로 닥치게 될 여러 고난도 피할 수 없겠지만, 그럼에도 하나님이 언제나 우리와 함께 계시고, 제 삶을 인도하신다는 그 분명한 확신(누군가는 정신승리라 말할 수도 있겠지만)이 제 인생을 행복하게 만들고 있습니다. 그리고 무엇보다 성경을 연구하고 말씀을 가르치며 하나님의 성품을 알게 되는데, 그것이 지금 제게 주어진 현실을 감사하며 적극적으로 살아 낼 힘이 되고 있습니다.

결론적으로, 저는 하나님을 찬양할 수밖에 없습니다. 지금의 제가 있는 것은 전적으로 하나님의 은혜임을 고백할 수밖에 없습니다. 제가 이런 사람이 아니었는데, 한때 욕망도 크고 교만했던 사람이었는데, 이렇게 저를 인도하는 분이 하나님이니 참 감사하네요.

저도

그렇게 하고 싶습니다

한 목사님이 페이스북에 이런 말씀을 나누셨습니다.

"내가 가진 목사상이 너무 구식이고 꼰대스러운지 몰라도, 나는 목사 안수를 받던 날, 하나님 앞에서 약속했다. 내 인생의 남은 시간은 성도들에게 하나님 말씀을 가르치고 전하는 일과 그들을 돌보고 섬기는 일에 드리겠다고. (중략) 담백하게, 교회와 성도들에게 돌아가자. 그게 안 된다면 우리에게는 희망이 없다. 교회는 교회만이 할 수 있는 일에 더 집중해야 한다. (하략)"

이 글을 보자마자 바로 "그렇게 하고 싶습니다"라는 댓글을 달았습니다. 제 마음속 바람을 담아 아주 간절하게 댓글을 달았습니다.

그런데 어느 날 아침, 문득 이런 생각이 들었습니다. '하나님이 나를 목회자로 부르신 것이 맞을까? 목회를 그만둘 수 있지 않을까?' 신학대학원에 들어간 이후 단 한 번도 이렇게 생각해 본 적이 없는데, 갑자기 이런 생각이 떠올라서 순간 당황했습니다. 내적인 부르심은 분명하다고 생각했는데, 가족 외에 회중이 없는 교회를 오랫동안 목

회하다 보니 이런 생각이 든 게 아닐까 싶었습니다.

　주일 예배를 마치고 나서 저녁쯤 SNS을 보다 보면 다른 교회 이야기들이 올라옵니다. 이런저런 사연들이 올라오는 것을 보면서 함께 웃을 때도 있고, 함께 가슴 아파하기도 하기도 하는데, 그러다가도 문득 회중이 있는 교회가 부럽다는 생각이 들 때가 있습니다. 어쨌든 교회 건물이 있어서 목회자로 부임을 했고, 나름대로 하고 있는 일을 통해, 그리고 주변의 도움을 통해 부르심을 확인하고 있지만, 그리고 강한 정신력으로 스스로 합리화하며 버티고 있지만, 그럼에도 가족 외에 회중이 없다는 사실에 저도 모르게 영향 받고 있는 것 같습니다.

　저는 목회를 시작한 이후로 단 한 가지 외에는 바라는 게 없습니다. '교회에 매여 교회에서 주는 생활비로 최소한의 생계를 유지하며 말씀을 연구하고 가르치고 성도들을 목양하는 것'입니다. 기본적인 생계만 유지하면서 은퇴할 때까지 목회하는 것입니다. 물론, 그건 제 바람일 뿐이고, 때로는 그것마저도 사치일 수 있다는 생각이 듭니다. 목회만 주님의 일이 아니라, 성도로서 하는 일 모두가, 불법이나 편법이 아닌 한 주님의 일이기에 상황이 바뀌어 목회를 못하게 된다 해도 그것을 받아들일 준비를 해야겠다는 생각도 합니다. 성도로 교회의 일원이 되어 교회를 섬기면 되겠다는 생각도 들고요.

물론 그 시기가 언제일지 모르기에, 또 그때가 안 올 수도 있기에 지금 제가 감당해야 할 일들을 위해 최선을 다할 것입니다. 지금 주어진 현실도 제게는 큰 의미가 있으니까요. 앞으로 어떤 현실이 주어질지 모르지만, 제가 그리스도인이라는 사실은 명백하기에 그에 합당하게 주어진 자리에서 신실하게 살고 싶습니다. 언제나 그랬듯이 말입니다.

성도는 우리 가족뿐입니다

이제는

말할 수 있다

감리교단은 교역자 수급 문제가 심각합니다. 교단 인가 신학교 세 곳에서 한 해 졸업생이 400-500명 정도 배출되는데, 교회 수는 그만큼 되지 않고, 이런 상황이 몇 년 넘게 지속되다 보니 웬만한 배경이 아니고서는 청빙받기 힘든 상황입니다. 심지어 건물만 있는 교회에도 수많은 지원자가 몰립니다. 어찌 보면 비록 가족 외에 성도가 없지만 이천에서 목회하고 있는 것도 제게는 기적 같은 일입니다.

목사 안수를 받던 해, 2016년 2월 1일에 집주인으로부터 전화가 왔습니다. 집을 내놓았으니 사람들이 집 보러 올 수도 있다고 말입니다. 그 전화를 받는데 가슴이 덜컥 내려앉았습니다. 당시에 아파트 매매가가 많이 올라서 보증금과 월세가 오르고 있었는데, 이사할 생각을 하니 막막했습니다.

한편 집주인 전화를 받기 얼마 전 지인을 통해 청빙 제안을 받았습니다. 충남 지역 면 단위에 있는 교회였는데, (이런 표현을 좋아하지 않지만) 자립 교회였고, 교회 건물과 사택도 있으며, 심지어 빚도 없는 교회였습니다. 교인도 스무 명에서 서른 명 정도 있다고 들었습니다. 목사님이 오래 목회하시다가 퇴임하시면서 후임자를 청빙하시는데 신기하게도 저한테까지 연결된 것입니다.

처음 연결되었을 때만 해도 지인은 다른 조건들을 말씀하시지 않았습니다. 시간이 지나 그 교회 목사님, 사모님과 만날 약속을 잡았습니다. 일종의 면접이었습니다. 그 전에 아내와 이야기했습니다. 만약 전별금 등 다른 조건을 말씀하시면 그 제안에는 응하지 않겠다고 말입니다. 아내는 저를 잘 알기에 제 결정을 존중해 주었습니다. 그런데 만날 날이 다가오면서 교회에 관한 이런저런 소리가 들려 왔는데, 그중 전별금 이야기가 있었습니다. 그 교회가 목사님의 은퇴를 준비하지 못하는 상황이어서 전별금을 원한다는 것이었습니다. 전별금의 대략적인 액수도 듣게 되었습니다. 그 금액은 당시 다른 교회들의 경우와 비교해 보았을 때 매우 상식선이었습니다. 그 정도 교회 상황이면 더 많은 금액을 요구하기도 하는데 말입니다.

다른 교단 상황은 잘 모르겠지만, 감리교단 내에서는 이 문제가 심각합니다. 과거 교세가 확장될 때는 전혀 문제가 없었는데, 교세가 줄다 보니 큰 문제가 되었습니다. 규모가 있는 교회들은 목회자의 은퇴를 준비할 수 있겠지만, 규모가 그리 크지 않거나 작은 교회들은 목회자의 은퇴를 준비하기 힘들어서 후임 목회자에게 전별금을 준비하도록 하는 일이 공공연하게 이루어지고 있습니다. 어쩔 수 없는 현실

성도는 우리 가족뿐입니다

이라는 것을 알지만 가슴이 아픕니다. 사실 이 문제는 교단이 의지가 있으면 어느 정도는 해결할 수 있다고 보는데, 교단은 이 문제에 전혀 관심이 없는 듯 보입니다. 오히려 방관하며 묵인하고 있는 상태네요. 그 탓에 안타깝게도 그 짐들을 개인이 다 떠안고 있는 상황입니다.

어쨌든 시간이 흘러 그날이 되었습니다. 그런데 목사님은 안 오시고 사모님만 오셨습니다. 사모님, 지인, 제 큰외삼촌, 어머니, 저와 아내, 이렇게 여섯 명이 한자리에 앉았습니다. 차를 마시며 이런저런 이야기가 오갔고, 이후 식사를 하기 위해 이동했습니다. 식사할 때 저와 아내는 사모님과 같은 테이블에 앉았고, 식사가 끝난 후에 제가 사모님에게 먼저 말씀드렸습니다.

"사모님, 제가 가진 것은 아파트 월세 보증금이 전부입니다. 제가 그것을 전부 헌금할 수 있지만, 그 이상을 말씀하시면 감당할 수 없습니다. 성도들에게 빚내서 헌금하라고 하지 않는데, 제가 빚내서 할 수는 없습니다."

이 말을 들은 사모님은 당황하신 기색이 역력했습니다. 그렇게 모임은 끝났습니다. 사모님은 기도해 보겠다고 말씀하시며 발길을 돌리셨습니다.

그 후, 저는 후폭풍을 감당해야 했습니다. 양가 부모님은 제 목사 안수 문제와 제 미래, 그리고 특히 집 이사 문제를 언급하시면서 제가 의지를 꺾고 그 교회 목사님과 사모님의 제안을 받아들일 것을 설득하셨습니다. 양가 부모님의 마음은 충분히 이해할 수 있고, 마음 한 편으로는 불효한다는 생각도 있었지만, 그럼에도 제 생각을 바꿀 수는 없었습니다. 현실을 핑계로 합리화하면서 제가 옳지 않다고 생각하는 것을, 또 그동안 설교하던 것과는 반대의 것을 선택할 수는 없었습니다. 이 문제 탓에 명절 때 갈등을 겪기도 했습니다. 갈등이 조금 오래갔지만 제가 워낙 완고했던 터라 양가 부모님이 체념하시면서 이 문제는 일단락되었습니다. 물론 이 선택은 제 신앙 양심에 따른 것이고, 다른 분들의 선택에 대해 비난하거나 정죄하려는 마음은 전혀 없습니다. 그리고 그런 선택을 할 수밖에 없는 교단의 현실도 알고 있습니다.

저희 쪽에서 반응이 전혀 없어서 그랬는지, 아니면 다른 상황이 생겨서 그랬는지는 모르지만, 그 뒤로 그 교회 목사님과 사모님에게는 연락이 오지 않았습니다. 당시 제가 그 제안을 받아들였다면 그 교회로 청빙받아 지금보다 나은 상황에서 목회할 수는 있었겠지만, 아마 저는 아내와 아이들에게 떳떳하지 못한 아빠로, 성도들에게 성경을 성경대로 설교하지 못하는 목회자로, 그리고 하나님 앞에서 평생 면목 없는 성도로 살아갔을 것입니다.

저는 지금도 제 선택을 후회하지 않습니다. 그 선택 자체가 저 자신이기 때문입니다. 제 선택은 저를 드러낸다고 생각합니다. 2011년 목회를 시작한 이후로, 더 정확히는 2009년 신학적 회심 이후로 결정

성도는 우리 가족뿐입니다

적인 선택할 때, 성공을 위한 욕심을 따라, 금전적인 이득을 따라 선택하지는 않은 것 같습니다. 물론 그렇다고 제가 아주 깨끗하다는 것은 절대 아닙니다. 저 또한 어느 부분에서는 현실 문제로 여전히 고민하고 있습니다. 어쨌든 지금까지는 나름대로 목회자로서, 그리고 한 성도로서 성경에서 말하는 가치를 따라 선택하려고 애쓰고 있습니다.

앞으로 어떤 선택을 하며 살아갈지는 모르겠습니다. 그러나 저 스스로를 속이지 않기 위해 애쓸 것이고, 아내와 아이들이 보기에 부끄러운 선택을 하지 않도록 애쓸 것입니다. 그리고 순리를 거스르는 것과 불의에 저항하려고 애쓸 것입니다. 무엇보다 한 사람의 성도로서 바른 선택을 하기 위해 애쓸 것입니다. 만약 그렇지 않은 선택을 하게 된다면, 그것을 회개하며 다시 일어서려고 애쓸 것입니다. 다만, 어떤 선택 때문에 겪게 될지 모르는 어려움들을, 지금까지 그래 온 것처럼 앞으로도, 저와 아내, 그리고 아이들이 함께 잘 감당할 수 있으면 좋겠습니다. 그저 현실 때문에 어쩔 수 없는 선택을 할 수밖에 없는 상황이 오지 않기를 바랄 뿐입니다. 하나님 아버지, 가난하게도 마옵시고, 부하게도 마옵소서.

신실한
동역자들

친구 아버지가 돌아가셔서 조문하러 고향에 다녀왔을 때의 일입니다. 학교 졸업 이후 연락이 끊겼다가 몇 년 전 같은 교단에서 안수받고 목사가 되었다는 소식을 듣고 다시 연결된 친구입니다. 그렇게 연결되어 몇 년 전 부목사로 가기 전, 잠시 쉴 때 한솔교회에 방문해서 함께 예배하기도 했습니다.

조문하러 들어가는데, 대학원 친구가 있었습니다. 알고 보니 장례를 치르는 그 친구와 잘 아는 사이였습니다. 평소에 바빠서 서로 얼굴 보기가 쉽지 않았는데, 전혀 예상치 못한 곳에서 예상치 못한 때에 만나니 더욱 반가웠습니다. 조문을 끝내고 친구들과 서로 근황을 나누었습니다.

고향 친구는 2주 전 부목사를 사직하고, 시골 마을에 있는 교회로 부임했다고 했습니다. 마을에는 20여 가구밖에 없고, 열 명 정도의 교인이 있는 시골 교회였지요. 집에 와서 그 교회를 검색해 보니, 말 그대로 완전 시골에 있는 교회였습니다. 부임하게 된 과정을 들으면

성도는 우리 가족뿐입니다

서 친구, 아니 그보다는 제수씨에게 감동받았습니다. 초등학생 아이 둘을 키워야 하는 상황에서 시골에서의 요청을 부르심이라 생각하고 순수하게 순종하는 모습에 놀라지 않을 수 없었습니다.

대학원 친구는 오래전부터 목회와 일을 병행하고 있습니다. 물류 배송, 택배, 보일러 설치 관련 일 등 몸으로 하는 일을 하며 상가 월세도 내고 교회 운영도 하고 있습니다. 친구가 버는 돈은 전부 교회 운영에 사용된다고 합니다. 사연을 들어 보니 그럴 수밖에 없는 것이 교회에 장년 가정은 한 가정밖에 없고, 아이들만 서른 명이 된다고 합니다. 그런데 친구가 목회하는 지역이 가난한 동네라 아이들을 먹이고 양육하는 데 재정이 많이 들어간다고 했습니다.

한번은 70-80여 명 모이는 교회로부터 청빙 제안을 받았다고 합니다. 아무 조건 없이요. 그 제안을 받는 순간 친구는 이렇게 생각했다고 합니다. '아, 이건 기도하지 말아야겠다. 왠지 하나님이 가지 말라고 하실 것 같으니, 가고 나서 하나님이 뭐라고 하시면 그때 회개하면 되지 뭐.' 그런데도 기도를 안 할 수가 없더라는 겁니다. 마음이 너무 불편해서요.

결국 기도를 안 할 수 없었고, 결과는 예상대로였습니다. 그리고 제수씨도 동일하게 응답을 받았다고 합니다. 그렇게 결정하고 나니 마음이 편안해지더라는 겁니다. 무엇보다 그렇게 결정한 건 바로 이것 때문이었다고 합니다. 서른 명의 아이들이 거의 처음 교회에 나온 아이들인데, 자신과 아내가 그곳을 떠나면 그 아이들은 어쩌나 싶은 마음 때문이었습니다.

그 자리에서 동기 형의 이야기도 전해 듣게 되었습니다. 그 형은 아이들을 사랑해서 아이들과 맘껏 뛰며 목회하는 형인데, 그런 열정을 보고 어느 초대형 교회에서 청빙 제안을 했다고 합니다. 그런데 형은 그 제안을 거절했다고 합니다. 청빙 조건이 전임 목사가 은퇴한 후에도 그 교회에서 '상왕'으로서 있겠다는 것이기에 그랬답니다. 어쩌면 형은 몇 년만 쥐 죽은 듯이 버티면 그곳에서 진짜 담임이 될 수 있었는데도 그 제안을 거절한 것입니다.

저는 이 날 친구들과 대화하면서 소망을 보았습니다. 교단 내에 실망스러운 일이 많지만, 교회와 영혼을 사랑하는 친구들을 보면서, 하나님이 그 친구들을 통해 교회를 보존하고 계신다는 확신이 들었습니다. 친구들과 대화하며 저 또한 많은 위로를 받고 다시 마음을 다잡기도 했습니다.

저와 친구들도 나이를 먹으면 어떻게 될지 모릅니다. 안 변할 거라고 어떻게 확신할 수 있겠습니까. 하지만 친구들과 함께 작은 일에 충성하며 서로를 위로하고, 친구가 잘못된 길을 갈 때 때로는 기다려 주면서, 때로는 사랑으로 책망하면서 이 길을 가다 보면 하나님에게 "잘했다, 충성된 종아"라는 말씀을 듣게 되지 않을까 소망할 뿐입니다.

성도는 우리 가족뿐입니다

"

작은 일에 충성하며
이 길을 가다 보면 하나님에게
"잘했다, 충성된 종아"라는 말씀을
듣게 되지 않을까 소망할 뿐입니다.

"

PART 4.

그 만남에
위로를 받습니다

잊을 수 없는
그 1년

2012년 9월 말에 한솔교회에 부임하여 10월 첫 주에 첫 예배를 드린 뒤, 몇 달간 저희 가정만 예배를 했습니다. 당시 아내가 임신을 해서 입덧이 심할 때가 있었는데, 그때는 한 달 정도 저 혼자 예배하기도 했습니다. 더구나 한솔교회 이미지가 좋지 않았기에 교회에 잠깐이나마 오시는 분은 손에 꼽을 정도였습니다. 그렇게 몇 달을 보내면서 목회에 대한 자신감도, 의욕도 조금씩 떨어졌습니다.

그러던 2013년 7월, 드디어 한 가정이 한솔교회에 오셨습니다. 젊은 분들이었고, 그 가정의 아이들은 저희 아이들과 동갑내기였습니다. 얼마 전 한솔아파트로 이사를 오셔서 교회를 찾으셨는데, 상가에 한솔교회가 있어서 오셨다가 문이 닫혀 조금 떨어진 교회에 가셨다고 하셨습니다. 하지만 예배가 시작되기도 전에 어떤 분이 오셔서 그분들에게 '교회 봉사'라는 말부터 꺼내서 다시 한솔교회로 오게 되었다고 했습니다. 그때부터 딱 한 주를 제외하고 1년간 그 가정과 함께 예배했습니다. 미술을 전공하신 분들이어서 센스가 남달랐는데, 저는

성도는 우리 가족뿐입니다

상상도 못하는 것들을 손수 바꾸기도 하시고, 교회에 많은 애정을 쏟으셨습니다.

성탄절에는 그분들의 제안으로 가랜드를 만들었는데, 지금도 그 가랜드가 예배당에 걸려 있습니다. 그 외에도 교회에는 그분들의 흔적이 여전히 남아 있습니다. 함께 밥을 먹고 차를 마시며 삶에 대해 나눠 주셨는데, 제게 얼마나 큰 힘이 되었는지 모릅니다. 너무나도 부족한 제 설교를 들으시면서도 설교가 좋다며 응원해 주셔서 스스로에게 얼마나 큰 동기부여가 되었는지 모릅니다. 게다가 그분들의 삶을 보면서 진짜 그리스도인의 삶이 어떠해야 하는지를 배우며, 제게도 많은 도전이 되었습니다.

그분들은 제게 하나님의 위로였습니다. 또한 하나님의 채찍질이기도 했습니다. 그런데 그분들이 오신 지 1년 만에 다른 곳으로 이사를 가시게 되었습니다. 한솔아파트는 1년만 계약한 것을 알고 있었기에 그날이 올 것을 늘 생각해 두며 마음의 준비도 하고 있었는데, 막상 그날이 되니 마음이 많이 허전했습니다. 그분들도 집을 재계약하려 했지만, 그렇게 하지 못해 어쩔 수 없이 이사 가시는 거라서 아쉬움이 더욱 컸습니다. 저는 하나님이 그분들을 더 나은 곳으로 인도하실 것을 믿었습니다. 그럼에도 마음 한구석이 먹먹한 것은 어쩔 수가 없었습니다.

그분들이 직접 구워 주신 고기 맛을 오랫동안 잊을 수가 없었고,

함께 먹었던 라면도 무척이나 많이 생각났습니다. 그 가정과 함께 야외에서 예배드리던 순간도, 함께 페인트를 칠하고, 성탄절 준비를 하고, 교회 행사를 준비하며 이야기한 순간도 지금까지 잊을 수가 없습니다. 함께한 그 1년이 주마등처럼 지나갔습니다. 그리고 더 열심히 섬기지 못한 것이 못내 마음에 걸립니다. 설교를 더 열심히 준비하지 못한 것이 죄송하고, 바쁘다는 핑계로 성경 공부를 열심히 준비하지 못한 것이 죄송합니다. 더 좋은 식사를 대접하지 못한 것과 가실 때까지 성경 공부를 다 마치지 못한 것이 죄송할 뿐입니다. 저는 하나님이 그분들을 더 좋은 길로 인도하시기를 기도할 뿐입니다.

성도는 우리 가족뿐입니다

1201호

어르신

2015년 4월 26일, 이날은 주일 예배를 드리지 못했습니다. 제가 아프지 않는 한 주일 예배는 꼭 드리는데 아프지 않았음에도 주일 예배를 드리지 못했습니다.

한솔교회는 주일 예배를 오전 11시에 드립니다. 여느 때와 같이 예배를 준비하고 있는데, 10시 30분쯤 아내와 아이들이 누군가에게 인사하는 소리가 들렸습니다. "안녕하세요." '이 시간에 오실 분이 없는데 누굴까' 궁금해 하며 밖으로 나갔습니다. 전에 한 번 오셨다가 설교가 길다고 하시며 가신 어르신이었습니다. 얼마나 반가웠는지 모릅니다. 그 뒤로 안 오실 줄 알았거든요.

어르신에게 커피 한 잔을 타 드리고, 대화를 이어 갔습니다. 어르신은 공사 현장에서 목수로 일하시다가 2년 전 불의의 사고로 왼쪽 눈을 다치셔서 장애를 얻으셨다고 합니다. 산업 재해로 승인이 나서 휴업 수당을 받게 되셨는데, 근로복지공단에서 어르신께 치료 계획서를 요구하는 과정에서 문제가 생겨 수당 수급이 취소되었다고 하셨습니다. 일주일에 한두 번 서울에 있는 대학 병원에 가서서 치료를 받고 있는데도 치료비는커녕 돈 한 푼 받지 못한 채 2년 넘게 공단과 싸우고 계셨습니다. 그 과정에서 정신은 피폐해지고 화병을 얻으셨으며, 심지어 인지 장애 진단까지 받았다고 하셨습니다.

어르신의 이런저런 이야기를 듣고 있는데, 11시가 되어 가고 있었습니다. 어르신이 쌓였던 감정을 터트리며 말씀하시는데, 도저히 그 말씀을 중간에 끊을 수가 없었습니다. 물론 예배하러 오는 다른 분이 계셨다면 어르신에게 양해를 구했을 것입니다. 그러나 아무도 오시지 않았고 어르신만 계셨기에 어떻게 해야 할지 매우 고민이 되었습니다. 문득 '예수님이라면 어떻게 하셨을까'라는 생각이 들었습니다. 결국 예배를 못 드리더라도 어르신의 이야기를 듣는 것이 낫겠다는 생각으로 이야기를 경청했습니다. 두 시간여 동안 이야기를 나눈 것 같습니다.

당시 예배를 드리지 못한 것이 잘한 것인지 못한 것인지 여전히 판단이 안 섭니다. 그럼에도 양심에 거리낌은 없습니다. 마침 그날 준비한 설교가 누가복음의 가난한 자들, 즉 권력자들에게 억울함을 당한 사람들, 경제적으로 가난한 사람들, 소외 계층, 이방인, 여인 등을 위한 복음에 관한 내용이었습니다. 아마도 그 어르신이 가난하고 억울한 자로 느껴져서 더 이야기를 들어 드리고 싶었는지도 모릅니다.

그 어르신에게 하나님의 은혜가 함께하셔서 믿음을 갖게 되시고, 주님이 주시는 진정한 위로를 얻으시기를 바라는 마음으로 대화를 나누었습니다. 한편 그 어르신과의 대화를 통해 목회자로서, 성도로서 사람들을 어떻게 대해야 하는지, 특히 비그리스도인을 어떻게 대해야 하는지에 대해 다시 한 번 생각하게 된 귀한 시간이었습니다.

어르신과의 인연은 여기서 끝나지 않았습니다. 어르신은 제게 이 억울함을 풀어 달라고 요청하셨습니다. 제가 어떻게 도와 드려야 할지 몰랐지만, 어르신의 요청을 외면할 수가 없었습니다. 그래서 어르신을 모시고 1년 가까이 대학 병원 세 군데와 대형 병원 한 군데를 다니며 안과와 정신건강의학과 등을 수차례 방문했고, 근로복지공단도 함께 다니게 되었습니다. 당시 어르신은 소송을 준비하셨는데, 제가 보기에도 승소하기가 쉽지 않아 보였고, 그렇게 되면 어르신이 극단적인 선택을 할 수도 있다는 생각에 걱정되었습니다.

병원을 오가고 소송을 준비하면서 어르신은 점점 심신이 미약해지셨습니다. 피해의식도 많아지고, 자신감도 많이 결여되었으며, 과격한 말도 자주 사용하셨습니다. 자살 충동도 느끼셔서 가끔 경찰이 출동할 정도였습니다. 무엇보다 경제적으로 몹시 힘들어 하셨습니다. 장해 등급이라도 받으면 조금의 보상금이라도 나오겠지만, 그것마저도 안 되면 어르신이 어떻게 되실지 걱정되었습니다.

장해 등급 판정 심사를 받는 날, 어르신과 함께 근로복지공단에 가기로 했습니다. 과거에 혼자 심사받으시면서 힘들어하셨기 때문입니다. 그런데 마침 그날이 제 어머니 회갑 날이어서 가족 식사랑 겹치게 되었습니다. 장해 등급 판정 심사는 매달 이루어지기에 어쩔 수 없이 어르신에게 이유를 말씀드리고 한 달 뒤로 심사를 미뤘습니다.

며칠 뒤 주일 예배 후 어르신과 함께 식사를 하는데, 어르신이 가슴팍에서 봉투 하나를 꺼내어 저에게 내미셨습니다. 어머니 회갑을 축하한다는 말씀을 하시면서요. 어르신의 형편을 알기에 도저히 받을 수가 없었습니다. 그러나 어르신은 인간의 도리라고 하시면서, 그리고 제게 받은 것이 많다고 하시면서 꼭 받으라고 하셨습니다. 제가 해 드린 것도 별로 없는데 이렇게 마음을 써 주시니, 감사하면서도 죄송했습니다. 무엇보다 어르신은 지금 다른 사람을 생각하실 겨를도 없이 정도로 힘드신데 이렇게 마음 써 주신 것이 감동이었습니다.

예상치 못한 봉투에 빚진 자의 마음을 다시 회복하게 되었습니다. 겸손하라는 하나님의 음성처럼 느껴졌습니다. 도우며 살아가는 것이 아니라, 그보다 훨씬 큰 도움을 받으며 살아간다는 사실을 새삼 느끼게 되었습니다.

그 이후 어르신은 장해 등급을 받으셨고, 그에 따라 장해 보상금을 최대로 받으셨지만, 만족하지 않으셔서 소송을 준비하셨습니다. 이에 저는 소송보다는 근재 보험을 청구하시는 방법으로 추가 보상금을 받으시는 것이 좋겠다며 소송하시는 것을 말렸습니다. 그래서인지 그 뒤부터는 먼저 연락을 안 하셨습니다. 종종 연락을 드리기도 했지

성도는 우리 가족뿐입니다

만, 어르신은 별로 달가워하지 않으셨습니다.

한번은 라면 박스를 들고 댁에 찾아가거나 주일날 점심 식사를 하러 오시라고 연락드렸는데도 여전히 제 연락을 피하시는 것 같았습니다. 어느 날, 어르신은 아무런 연락도 없이 이사를 가고 계시지 않았습니다. 전화를 드렸는데 받지 않으셨습니다. 시간이 더 지나 문자를 드렸지만 어떤 답장도 오지 않았습니다. 지금 어떻게 살고 계신지, 궁금하지만 부디 평안하고 건강하시길 기도할 뿐입니다.

508호

어르신

2014년 초, 한솔교회로 부임한 지 1년 조금 넘었을 때 아파트 단지 내에 현수막을 걸었습니다. 성경 개관을 공부하기 원하는 분은 함께하자는 내용의 광고였습니다. 그런데 시간이 지나도 신청하는 분이 없었습니다. 두세 분은 신청하지 않을까 기대했지만, 아무도 신청하지 않으니 약간은 낙심이 되었습니다. 그러던 차에 유일하게 한 분이 신청하셨습니다. 50대 어르신이었는데, 놀랍게도 절에 다니는 불자셨습니다. 어르신에게 신청하신 이유를 여쭈었더니, 성경에 관심이 있고, 평소에 성경을 종종 읽곤 하는데, 더 알고 싶은 마음에 신청을 하셨다고 말씀하셨습니다.

그렇게 어르신과 성경 공부를 시작했습니다. 각 권의 개관을 설명하고, 성경 본문을 연대순으로 함께 읽어 나가며 내용을 확인하는 방식으로 진행했습니다. 거의 5개월 넘게 매주 함께 공부했고, 하박국까지 살펴보았습니다.

하지만 안타깝게도 그 이상 진도를 나갈 수 없었습니다. 당시 어

성도는 우리 가족뿐입니다

르신은 어머니를 모시며 살고 계셨는데, 어느 날 어머니께서 낙상하셔서 고관절이 골절되었고, 수술을 받으셔야 했기에 병간호로 저와 하던 성경 공부를 중단할 수밖에 없었습니다. 그래도 가끔이지만 문병도 가고, 함께 식사도 하며 근황을 나누었습니다. 그 사이 어르신의 어머니는 퇴원하셔서 댁으로 돌아오셨지만, 얼마 뒤 치매가 심해지셔서 다시 요양원으로 가셨습니다.

시간이 지나 어르신께 다시 성경 공부를 시작하자고 말씀드리고 싶었습니다. 조금만 더 하면 구약을 끝낼 수 있었기에 구약이라도 끝내자는 마음으로 제안을 드리고 싶었습니다. 하지만 아무리 생각해도 어르신께서는 생계를 위해 택시 운전도 하셔야 하고, 어머니도 돌보셔야 했기에 시간이 안 될 것 같아 쉽사리 연락을 드리지 못했습니다.

그러던 어느 날, 카톡 하나가 왔습니다. 카톡 창에는 낯익은 이름이 보였습니다. 바로 그 어르신의 성함이었습니다. 그동안 항상 문자나 전화로만 연락을 했던 터라, 카톡으로 연락을 하셔서 많이 놀랐습니다. 하지만 더 놀란 것은 내용이었습니다. 다시 성경 공부를 시작하자는 내용이었습니다. 얼마나 감사했는지 모릅니다.

마지막으로 공부한 부분인 하박국에 이어서 스바냐를 공부했고, 그 다음에는 예레미야를 살펴보았습니다. 하지만 예레미야를 중간 정도 살펴볼 때쯤 어르신의 어머니가 돌아가시면서 성경 공부는 중단되었고, 그 이후로 성경 공부는 재개되지 못했습니다.

그럼에도 어르신과의 성경 공부는 제게 큰 위로가 되었습니다. 나름 호기롭게 시작한 성경 공부였는데, 만약 한 분도 신청하시지 않았다면 마음이 얼마나 힘들었겠습니까. 또한 어르신과의 성경 공부를 통해 비그리스도인들이 성경을 어떻게 보는지도 조금은 알게 되어서 지금까지도 인상 깊은 시간으로 남아 있습니다.

어르신과는 지금까지도 연락하며 지내고 있습니다. 어르신은 먹을 것이 생기면 저희에게 종종 나눠 주시기도 하고, 밥을 사 주시기도 합니다. 어느 날인가 저에게 고급 도가니탕을 사 주시며, 아내와 아이들 것까지도 포장해 주셨습니다. 물론 저도 기회를 만들어 어르신께 식사를 대접하고, 먹을 것이 있으면 나누고 있습니다. 이렇게 어르신과의 우정은 깊어지고 있습니다.

성도는 우리 가족뿐입니다

503호

어르신

2019년 2월 마지막 주일에 여성 한 분이 한솔교회에 오셨습니다. 처음 뵙는 분이었습니다. 잠깐 지인의 집에 올 일이 있었는데, 예배를 드리려고 교회를 찾다가 감리 교회가 보여 들어왔다고 하셨습니다. 청주에 있는 감리 교회에 출석하신다고 말씀하시면서요.

그로부터 2주 뒤, 예배 준비를 마치고 사무실에서 대기 중이었는데, 막내가 사무실로 급하게 들어오면서 손님이 오셨다고 알려 주었습니다. 손님은 2주 전에 오셨던 그 여성분이었는데, 이번에는 혼자가 아니라 나이가 지긋하신 남성분과 함께였습니다. 여성분은 남성분을 소개하시면서 이렇게 말씀하셨습니다. "이분은 오늘 태어나서 처음으로 교회에 나오셨어요."

예배를 드리는 내내 남성분이 어색해 하시는 것이 느껴졌습니다. 아무래도 모든 것이 처음이니 그러실 수 있겠다 싶었습니다. 그래도 옆에 계신 여성분의 도움을 받아 예배에 성실히 참여하셨습니다. 설교의 어떤 대목에서는 고개를 끄덕이시며 열심히 들으셨습니다.

예배가 끝나고 두 분에게 인사를 드리며 정중하게 성함과 연락처를 여쭈었는데, 명함을 주시겠다고 하셨습니다. 그런데 지갑을 찾아보시더니 명함이 없다고 하시면서 메모해 주시겠다고 하셨습니다. 연락처를 먼저 적으신 후 이름을 적으시는데, 한문으로 자신의 아호와 함께 성함을 적으셨습니다. 작업하시는 것이 있어서 한솔아파트에 머물고 계시다고 말씀하시면서요.

사무실로 돌아와서 예사롭지 않은 아호와 성함을 보고 검색해 보았습니다. 한국화를 그리시며 개인 전시회도 몇 차례 하신 화가셨습니다. 신기했습니다. 연세가 지긋하신 화가가 생애 처음으로 출석하신 교회가 이천 외곽에 있는, 그것도 상가 지하에 위치한 한솔교회라는 것이요.

2019년 4월 마지막 주, 예배 후 잠시 사무실에 앉아 있는데, 밖에서 아내가 누군가에게 인사하는 소리가 들렸습니다. 나가 보니 그 화가 어르신이 음료수를 들고 오신 것입니다. 일이 있어 나가셨다가 들어오시는 길에 예배당 문이 열려 있는 걸 보고 들어오셨다고 하셨습니다.

어르신께 차를 내어 드리고 대화를 시작했습니다. 어르신은 예배당에 들어올 때 무언가에 압도되고 위축되는 느낌이 드신다고 말씀하셨습니다. 자신이 죄가 많아서인지 예배를 드리러 오는 것이 조금 부담스럽다고도 말씀하셨습니다. 그래서 예배를 드리러 오지는 못할 것 같으니 사람 대 사람으로 만나서 교제하면 좋겠다고 하셨습니다.

성도는 우리 가족뿐입니다

어르신의 말씀을 들어 보니 충분히 그러실 수 있겠다는 생각이 들었습니다. 어쩌면 제가 성당이나 절에 갔을 때 받는 느낌과 비슷하지 않을까 싶었습니다.

감사하게도 어르신이 저를 좋게 보신 것 같습니다. 제 카카오스토리에서 감자 파는 글을 보셨다면서 제가 참 인간적으로 느껴진다고 말씀하셨습니다. 자랑하는 글을 올리는 사람도 많은데, 제 글에는 그런 모습이 보이지 않아 좋아 보인다고 하셨습니다.

한번은 자신은 종교를 부담스러워하지만 시간이 지나면서 마음이 열리게 되고, 크리스마스 때라도 교회에 나오게 될지 혹시 아느냐고 말씀하셨습니다. 그 말씀이 참 좋게 들렸습니다. 물론 아직까지도 교회에 나오시지는 않지만, 지금도 어르신과 좋은 관계를 이어 오고 있습니다.

사실 저와 어르신은 여러모로 많이 다릅니다. 종교뿐만 아니라, 정치 성향도, 살아온 경험도 말이지요. 연배도 제 아버지뻘이십니다. 그럼에도 어르신과 만나면 편안하게 교제할 수 있는데, 모든 차이를 떠나 사람 대 사람으로 대화할 수 있어서 가능한 것 같습니다. 서로 어떤 목적을 두고 만나는 것이 아니라서 그런 것 같기도 하고요. 그러다 보면 어르신이 하신 말씀처럼 언젠가 교회에 나오실지, 더 나아가 예수 그리스도를 영접하게 되실지 어떻게 알겠습니까.

한 청년과의
만남

2018년 성탄절이었습니다. 한 청년이 한솔교회 페이스북 페이지를 통해 메시지를 보내 왔습니다. 페이지의 존재 유무조차 알리지 않았고, 운영도 안 하고 있는 교회 페이지인데 메시지가 와서 놀랐습니다. 나중에 알고 보니 먼저 제 계정으로 메시지를 보냈는데, 페친이 아니어서 저는 메시지가 온 줄 몰랐고, 그 청년은 저와 연락하기 위해 교회 페이지로 다시 메시지를 보낸 것이었습니다.

페친을 수락하고 연락처를 남기니 카톡이 왔습니다. 여주에 살고 있는 청년인데, 교회를 찾고 있고, 저를 만나고 싶다고 했습니다. 한솔교회와 저를 어떻게 알게 되었느냐고 물었더니 어떤 학회를 통해 소개받았다고 했습니다. 그러면서 자신은 뇌전증을 앓고 있으며, 토요일 오전에만 만남이 가능할 것 같다고 알려 주었습니다. 또한 몸이 불편해서 자동차 문도 못 열지만 대화하는 데는 전혀 지장이 없다고도 이야기했습니다.

약속한 토요일이 되어 청년을 만나러 갔습니다. 청년에게는 전

성도는 우리 가족뿐입니다

화가 없어 태블릿과 연동된 카톡이나 페이스북 메시지로만 (형제는 음성 인식 기능으로 메시지를 보냈다고 합니다) 연락할 수 있기 때문에 청년이 살고 있는 아파트 앞에 도착하여 보이스톡으로 연락하고 형제를 기다렸습니다. 10분쯤 기다리니 청년이 나왔습니다. 청년을 보니 제게 언급한 내용이 어떤 것인지 알 수 있었습니다. 청년을 차에 태우고 그가 안내하는 곳으로 갔습니다. 그곳에는 몸이 불편한 어르신 한 분이 계셨습니다. 그렇게 그 청년, 어르신과 함께 4시간 가까이 대화했습니다. 청년은 몸이 불편한 관계로 말을 더듬거렸지만, 의사소통하는 데는 전혀 지장이 없었습니다. 청년의 상황, 가족 관계, 관심사 등에 대해 나누었습니다. 대화 중에 형제가 이런 말을 했습니다.

"목사님처럼 저를 만나러 와 주신 분은 처음입니다. 몇몇 목사님에게 연락했었는데, 어떤 목사님은 뇌전증이 있는 사람이 어떻게 하나님을 믿을 수가 있느냐며 의심하기도 했습니다. 그런데 목사님은 이렇게 와 주시기까지 했으니 눈물 날 정도로 고맙습니다. 사실 목사님이 오지 않으셨어도 실망하지는 않았을 것입니다. 그럼에도 기대는 했습니다. 그런데 목사님이 오셔서 이렇게 대화할 수 있다니 정말 행복합니다."

이 말을 듣고 잠시 말을 이을 수가 없었습니다. 청년에게 미안했습니다. 제가 그 청년을 어떤 마음으로 대하고 있는지 다시 생각하게 했습니다. 한 청년이 교회를 찾는다기에 단순히 상담하러 간 것뿐이었는데, 청년의 그 한마디를 듣고 나서는 오히려 저 자신이 부끄러워졌고, 한편으로는 큰 위로를 얻었습니다.

그 청년은 함께 예배하며 성도의 교제를 누릴 수 있는 교회를 찾고 있었습니다. 그런데 그 청년을 우리 교회로 데리고 올 수는 없었습니다. 청년을 만나러 가기 전, 몸이 불편하다기에 매주 차 운행을 해서라도 함께 예배해야 하나 생각도 했는데, 직접 만나고 나니 그것조차 불가능한 상황이었습니다. 한솔교회 예배당이 지하에 있어서 계단이 많았기 때문입니다. 게다가 청년의 부모님은 기독교 자체를 부정하시기에 부모님과 함께 올 수도 없는 상황이었습니다.

그래서 청년과 약속했습니다. 적어도 한두 달에 한 번은 만나서 교제하자고 말입니다. 그리고 만날 때마다 웨스트민스터 소요리문답으로 함께 공부하자고 제안했습니다. 다만, 청년이 몸이 불편해서 종이 책을 보지는 못하고, 태블릿으로만 글을 읽을 수 있기에 어떻게 공부해야 할지는 좀 더 생각해 보기로 했습니다.

성도는 우리 가족뿐입니다

형제의
열정

코로나19로 4개월 만에 그 청년을 만났습니다. 청년의 집에서 만남을 가졌고, 오랜만에 만난 청년은 몸이 약간 안 좋은 듯 보였습니다. 이마를 보니 상처도 있었고요. 이유를 물으니 운동을 하다가 넘어졌다고 하네요. 그 청년은 뇌전증을 포함하여 복합 장애를 가지고 있어서 일상생활하는 데 어려움이 많습니다. 뇌전증 때문에 몸에 힘이 들어가다 보니 식사도 스스로 하기 힘들고, 물을 마실 때는 꼭 빨대컵을 이용합니다. 물론 이때도 누군가의 도움이 필요합니다. 그리고 대화할 때도 몸에 힘이 들어가기에 어려움이 있습니다. 물론 펜으로 글을 쓰거나 책을 손으로 넘기며 읽을 수도 없고요.

거실에는 형제의 공간이 있었습니다. 독서실에서 볼 수 있는 책상이 있었는데, 그곳에는 성경책과 태블릿이 놓여 있습니다. 성경책을 보니 손때가 많이 묻어 있었습니다. 몸 상태가 나쁘지 않았을 때는 책을 볼 수 있었지만 지금은 경련 때문에 힘들다고 했습니다. 7, 8년 전에는 형광펜도 칠할 수 있었지만요. 그래서 지금은 TV로 연결된 유튜브를 통해서 소리로 성경을 듣고, 태블릿을 이용해서 자료 등을 살핀다고 합니다.

그럼에도 이 청년의 열정은 누구보다 강합니다. 가족들 중 누구도 하나님을 믿지 않는데, 이 청년은 하나님을 바르게 알고자 애씁니다. 성경과 자료들을 읽으며 공부하려고 노력하는데, 이때 묵상한 내용과 일기들을 음성으로 정리하기도 합니다. 청년의 허락을 구해 일기도 몇 개 읽었고, 이 청년의 신앙고백도 읽어 보았습니다. 상황 때문에 공부할 수 있는 자료의 양이 현저히 적음에도 이 청년의 신앙고백은 깊은 울림을 주었습니다. 그 청년은 자신이 처한 상황 속에서도 최선을 다해 하나님을 알려고 하고, 하나님을 향한 감사를 표현하고 있었습니다. 얼마든지 불평하고 원망할 수 있음에도 말입니다.

이 청년과의 인연도 어느덧 4년이 되었습니다. 코로나 전에는 한두 달에 한 번 정도 만났고, 코로나 때는 두세 달에 한 번 정도 만났습니다. 처음 만났을 때 스물세 살이던 형제도 이제 스물일곱 살이 되었네요. 그 시간 동안 이 청년을 만나며 그의 하나님을 향한 사랑과 열정에 많이 놀랐고, 때로는 그 모습에 저 자신이 부끄럽게 느껴지기도 했습니다. 그래서 제게 참 고마운 사람입니다. 제가 위로를 한다고 찾아가지만, 오히려 이 청년 덕분에 위로를 받고 있습니다.

성도는 우리 가족뿐입니다

한 교회에 속한
우리

2022년 2월 셋째 주에는 목포장로교회에서 가족이 모두 함께 예배했습니다. 2019년 8월에 초대해 주셨는데, 감사하게도 2년 반 만에 다시 불러 주신 것입니다.

지난번에는 혼자 갔었는데, 이번에는 온 가족이 함께 내려갔습니다. 저희 아이들은 다른 교회에서 예배한 일이 많지 않습니다. 태어나면서부터 아빠가 설교하는 교회에 출석했으니 당연한 일이기도 합니다. 제가 다른 곳으로 말씀을 전하러 갈 때 외에는 없었네요.

예배를 드리면서 그런 생각이 들었습니다. '교단이 다르지만 보편 교회에 속해 있다는 것이 이런 것이구나.' 목포장로교회의 예전과 한솔교회의 예전이 거의 비슷했습니다. 그래서인지 아이들도 예배드리는 것이 전혀 어색하지 않았다고 합니다. 무엇보다 인상적인 장면은 '강복 선언'이었습니다. 보통은 '축도'라고 부르는 순서입니다. 한솔교회에서는 이때 제가 손을 들고 하나님이 주시는 언약적 복을 선언하면 아이들은 제 손을 바라봅니다. 그러면서 그리스도의 다스리심과 축복의 의미를 마음에 새기게 합니다.

그런데 사실 이 모습이 우리에게는 많이 어색하게 느껴지기도 합니다. 이 예전을 다르게 이해하고 있고, 이 시간에 눈을 감고 축복 기도를 받는다고 배워 왔기에 그렇습니다. 그런데 그날 강복 선언을 하면서 온 회중이 제 손을 바라보고 있는데, 뭔가 뭉클했습니다. 하나님의 은혜를 사모하는 성도들의 모습을 보며 감사했습니다.

예배를 마친 후, 근처에 사시는 지인 목사님의 초대로 목사님 댁을 방문하게 되었습니다. 그곳에서 사모님이 지으신 책「지하실에서 온 편지」(세움북스)의 배경이 된 '지하실'도 직접 보고, 사모님의 글쓰기 장소인 2층 사무실도 구경했습니다. 그리고 목사님이 사역하고 계신 믿음의교회 예배당도 보았습니다. 마치 유적지를 방문하는 기분이었습니다.

그렇게 모든 교제를 마치고 숙소로 향했습니다. 숙소는 지인 목사님이 예약해 주신 곳이었는데, 연초에 아이들을 데리고 서울에 오셨을 때, 아이들이 숙소에서 잔 경험이 좋았다고 한 것이 생각나서 저희 아이들에게도 같은 경험을 하게 해주고 싶다고 말씀하셨습니다. 사실 저희는 가족끼리 어디 가서 숙소에 머문 적이 거의 없습니다. 그래서인지 역시 아이들이 좋아했습니다.

엘리야가 바알 선지자들과의 대결에서 이겼음에도 이세벨이 자신을 죽이려 할 때, 그는 굴에 숨어서 혼자 남았다는 생각에 낙심하고

성도는 우리 가족뿐입니다

있었습니다. 그때 하나님은 엘리야에게 해야 할 일을 말씀하시며 바알에게 무릎을 꿇지 아니한 7천 명을 남기시겠다고 엘리야를 위로하셨습니다. 목포에서 교제할 때 이 본문이 생각났습니다. 곳곳에 이렇게 함께 예배하며 교제하는 분들이 있어서 힘이 납니다. 한솔교회는 지역 교회지만 주님 안에서 함께하는 교회들 중 하나라는 사실은 우리가 교회임을 잊지 않게 만듭니다.

어떻게
이 고리를 끊을 수 있을까

고흥을 떠나기로 했을 때 막막했습니다. 고흥에서 교회와 공동체를 꾸리며 평생을 살려고 마음먹었는데, 떠날 수밖에 없는 상황이 되니 앞으로 어떻게 살아야 할지 그림이 전혀 그려지지 않았습니다. 그때가 2012년 8월이었습니다.

이사 갈 집과 교회 예배당을 구해야 한다는 부담과 고민 때문에 밤새 한잠도 못 자고 뒤척였습니다. 그러던 중 외숙모님의 소개로 지금의 한솔교회에 오게 되었습니다. 당시 한솔교회로 오기 위해서는 3,000만 원이 필요했습니다. 상가 지하지만 교회 소유의 예배당을 인수하기 위함이었습니다. 솔직히 저는 지금 생각해도 이런 조건이 믿기지 않습니다. 아무리 성도가 없다 해도 교회 소유의 예배당이 있는데, 건물 비용이 3,000만 원밖에 되지 않았으니까요. 심지어 이미 후임자 공고를 교단 홈페이지에 냈음에도 후임이 구해지지 않은 것도 신기했습니다. 그 당시 저는 다른 선택지를 고려할 수 없었습니다.

소개받은 다음날 전임 목사님을 만나 뵙고 그 사연을 들을 수 있

　　　　　　　　　　　　　　성도는 우리 가족뿐입니다

었습니다. 전임 목사님은 2007년에 부임하셔서 5년 정도 목회를 하셨다고 합니다. 사회 복지 관련 일을 병행하시려고 예배당 공간을 분리하기도 했지만, 독립된 공간이 아니어서 그 일을 못하셨고, 작은 도서관으로 등록하여 잠시나마 운영을 하시기도 했다네요. 그 결과 2-3년 동안 교회는 차츰 성장했다고 합니다. 하지만 목사님의 말씀에 따르면, 예배당이 지하에 있다 보니 한계가 있었고, 지상으로 올라가려는 과정에서 많은 어려움을 겪으셨다고 하셨습니다. 지금 생각해 보면 목사님도 젊을 때 부임하셔서 열심히 목회하려고 무척 애쓰신 것 같습니다.

어려운 기간이 길어지면서 목사님도 새로운 길을 모색하실 수밖에 없었습니다. 사회 복지에 관심을 두셨기에 사회 복지와 관련된 목회를 배울 수 있는 교회를 찾을 수 있었지만, 그 교회는 부목사를 정식으로 청빙할 수 있는 규모가 아니었습니다. 그러다 보니 그 교회는 전임 목사님에게 사택을 제공할 수 없었고, 목사님도 스스로 사택을 구하실 수밖에 없는 상황이었습니다.

전전임 목사님은 교회 이름으로 2001년에 상가를 분양받아 이곳으로 들어오셨는데, 계약서를 보니 그때 그 금액이 3,100만 원이었습니다. 전임 목사님은 이곳으로 부임하시면서 건물 비용 3,000만 원을 전전임 목사님에게 드리고 대표자 명의를 본인으로 바꾸신 것입니다.

목사님은 당시 분양 계약서를 제게 보여 주시고 이런 사연들을 말씀하시면서 본인도 3,000만 원을 받으실 수밖에 없다고 말씀하셨습니다. 이곳으로 부임하실 때 대출을 받으셨는데, 그 비용을 안 받고 싶어도 부목사로 가면서 사택을 구해야 하기에 어쩔 수 없다고 하셨습니다. 그러시고는 저한테 부담을 주게 돼서 미안하다며 눈물을 흘리셨습니다.

그 말씀을 듣고는 이 모든 상황이 이해되었습니다. 부임하시는 교회의 상황도 대략은 알고 있었고, 교단 상황도 알고 있으니까요. 그래서 목사님에게 제가 이곳으로 부임하겠다며 건물 비용 3,000만 원을 준비하겠다고 말씀드렸습니다. 그러고는 바로 그날 점심 식사를 한 후, 살 집을 알아보았습니다.

그때 평소에 가졌던 고민이 떠올랐습니다. 아무것도 없는 장소를 구해 예배당으로 바꾸면 괜찮지만, 기존 교회 예배당으로 들어가게 되면 혹시 교회 매매로 보일 여지가 있지 않을까 하는 것이었습니다. 고흥을 떠나기 전, 몇몇 목사님을 만나 앞으로의 계획을 상담하는 가운데, 제 멘토 목사님도 찾아뵌 적이 있는데, 그때 제 멘토 목사님은 이렇게 말씀하셨습니다.

"김 전도사, 그것은 교회 매매라고 볼 수 없지. 성도를 사고파는 것도 아니고, 건물 비용만 지불하는 것인데, 그게 어떻게 교회 매매야. 그럼에도 그것이 마음에 걸린다면 김 전도사 대에서 그 고리를 끊으면 되지 않을까 싶어."

'그럼 어떻게 이 고리를 끊을 수 있을까' 거듭 생각해 보았습니다. 이것이 교회를 매매하는 것은 아니고, 교회 건물 비용이라고 하지만 그래도 마음이 편하지 않았습니다. 고민 끝에 그 고리를 전부 끊지는 못하겠지만, 일부는 끊어 보자는 마음으로 건물 비용의 반이라도 감당해 보기로 마음먹었습니다.

공동체를 떠나면서 고흥에서 살던 집과 밭을 팔아 제가 손에 쥘 수 있는 돈은 3,400만 원이 조금 넘었습니다. 목사님에게 드려야 할 3,000만 원 중 반은 제가 감당하고, 나머지 2,000만 원으로 집을 구하기로 했습니다. 그러나 2,000만 원으로 집을 구하는 일은 만만치가 않았습니다.

해가 질 때까지 몇몇 부동산을 돌았지만, 집을 구할 수가 없었습니다. 어두워졌을 때 마지막이다 생각하고 들어간 부동산에서 전세 2,000만 원짜리 집이 있다는 정보를 듣고, 그 길로 바로 집을 보러 갔습니다. 방 한 칸이 있는 12평짜리 집이었습니다. 원래는 25평 슬라브 집이었는데, 집주인이 그 집을 반으로 나누어 세를 놓아 12평짜리가 된 것이었습니다. 저는 선택의 여지가 없었기에 바로 그 집을 계약했습니다.

계약금 200만 원을 지불하고 그해 10월 중순 이후로 이사 날짜를 잡았습니다. 그때까지 고흥의 집과 밭이 처분되어야 했습니다. 그래야 나머지 잔금 1,800만 원을 지불할 수가 있었거든요. 목사님에게는

먼저 1,500만 원을 드리기로 하고, 고흥 집이 처분되면 나머지 1,500
만 원을 드리기로 했습니다. 대신 이 모든 과정을 공식적으로 처리하
고 싶었습니다. 그래서 당시 이 과정을 감리사님에게 말씀을 드려 제
가 교회에 1,500만 원을 헌금해서 목사님 전별금으로 드리고, 나머지
1,500만 원은 교회가 빌려 목사님에게 드리는 것으로 처리하기로 했
습니다.

교회가 빌려야 할 1,500만 원은 제가 개인적으로 아버지에게 빌
렸습니다. 아버지도 돈이 없으셨지만, 아들 상황이 이러니 구해 주셨
습니다. 다만, 이것은 교회가 빌린 것으로 하기로 했고, 공식적으로 교
회 결산을 보고하는 양식인 통계표에 기록했습니다. 그런 후 전임 목
사님에게 일단 1,500만 원을 드릴 수 있었습니다.

고흥의 제 집과 밭이 한동안 팔리지 않아 고민이었는데, 어떤 분
이 이 소식을 들으시고는 제 집과 토지를 매입하시겠다고 하셨습니
다. 물론 저는 그 집과 토지로 어떤 이득을 얻을 생각이 없었기에 처
음에 매입한 금액대로 3,400만 원만 받기로 했습니다.

감사하게도 이천 집의 잔금을 지불하는 날까지 이 모든 과정이
처리되었습니다. 저는 전세 잔금을 무사히 지불할 수 있었고, 1,500만
원을 교회에 헌금해서 교회가 전임 목사님에게 잔금을 드릴 수 있었
습니다.

2022년 9월 말은 제가 부임 서류를 작성한 지 10년째이고, 10월 2

일은 제가 한솔교회에서 첫 예배를 드린 지 10년째 되는 주일이었습니다. 사실 나머지 반도 늘 제가 해결하고 싶은 마음이 있었습니다. 마음속에 있던 고민, 건물 비용일지라도 이임하고 부임하는 과정에서 돈이 오고가는 것이 없었으면 한 것을 해결하고 싶었습니다.

그래서 한솔교회 부임 10년을 기억하며, 그 10년 동안 먹이시고 인도하신 하나님 은혜에 감사하며, 나머지 1,500만 원도 해결하려고 마음먹었습니다. 물론 교회가 빚을 갚아야 하지만, 아버지께 말씀드려 탕감해 달라고 부탁드릴 예정이었습니다. 아버지도 흔쾌히 허락하실 것이라 믿었기 때문입니다. 물론 아버지는 이 돈이 없다고 생각하고 계시기도 했습니다.

저희 가족은 전세 2,000만 원의 12평짜리 집에 살다가 4개월쯤 뒤에 한솔아파트로 들어왔습니다. 감사하게도 집주인의 배려로 보증금 2,000만 원, 월세 30만 원에 들어왔고, 4년이 지나 월세 5만 원만 올린 채 지금까지 10년째 잘 살고 있습니다. 10년 만기가 되면 이사를 가야 해서 조금 막막하지만, 이렇게라도 살 수 있으니 감사할 따름입니다. (감사하게도 책 출간 전, LH 전세형 매입임대 제도를 통해 집을 구할 수 있었고, 계약을 앞두고 있습니다. 2월에는 이사를 갈 수 있을 것 같습니다.)

한솔교회에서의 지난 10년을 돌아보면 은혜였습니다. 아무것도 없는데, 이렇게 지낼 수 있는 것 자체가 은혜입니다. 사실 아무 대책이 없긴 한데, 그래도 어떻게든 살아 낼 수 있을 것이라 생각하기에 걱정하지는 않습니다.

제가 한솔교회에 언제까지 있을지 모르지만, 제 후임으로 누가 오시더라도 이제는 부담 없이 오실 수 있다는 것만으로도 저는 정말 좋습니다. 저 또한 이곳을 언제 떠나더라도 가벼운 마음으로 떠날 수 있으니 감사하고요. 이렇게 마음의 짐을 덜게 되어 참 좋습니다.

성도는 우리 가족뿐입니다

뜻밖의 선물,
제주 여행

어느 날 지인으로부터 갑작스러운 카톡을 받게 되었습니다. 150만 원을 송금해 주시며, 아이들을 데리고 제주도에 가서 좋은 추억을 만들어 주면 좋겠다는 메시지였습니다. 그분의 사정을 모르지 않기에 그 돈을 받을 수 없어 전화를 드렸는데, 제가 받아야 하는 이유를 말씀하시며 강권하시니 거절할 수가 없었습니다.

몇 시간 뒤, 아내에게 이 소식을 전하는 중에 또다시 카톡이 울렸습니다. 이번에는 100만 원을 추가로 보내셨는데, 150만 원으로는 부족할 것 같다고, 숙박비와 차량 렌트비, 그리고 식사비까지 추가로 보내신 것입니다. 그리고 다시 한 번 당부하셨습니다. "사모님과 예쁜 세 아이와 행복한 추억 만드세요. 따로 저에게 보고 안 하셔도 되고, 미션 수행 잘하셔서 자랑하시면 좋겠어요. 좋아할 아이들과 사모님 얼굴이 눈에 선해요." 이런 무조건적인 사랑이라니……

사실 그동안 제주도에 엄청 가고 싶었는데, 엄두가 나지 않았습니다. 아내는 제주 한 달 살기를 해보고 싶어 했고요. 코로나 때문에

제주 여행 비용이 급상승했고, 시간 내기도 힘들어 상상도 못하던 차였습니다. 나중에 알고 보니 그분은 제가 아내 생일에 올린 페이스북 글을 보고 제주 여행을 선물해 드려야겠다고 생각하신 거였습니다.

7월 말쯤 우연히 어느 사이트에서 제주 렌터카가 저렴하게 나온 것을 보고 아내와 상의하여 바로 9월 18-21일로 날짜를 정했습니다. 그러고 나서 평소 저를 아껴 주시는 오랜 지인인 여행사 사장님에게 연락드렸고, 사장님은 저희 가족을 위해 좋은 조건으로 항공권을 구해 주셨습니다.

아이들에게 추억을 만들어 주면 좋겠다는 그분의 부탁이 있었기에 아이들 위주로 일정을 짰습니다. 먼저 아이들에게 가고 싶은 곳이 있는지 물었습니다. 첫째와 둘째는 특별한 의사 표시를 하지 않았는데, 역시 막내는 강력하게 의사를 표시했습니다. 놀이공원에 가고 싶

성도는 우리 가족뿐입니다

다고 말입니다.

제주 놀이공원을 검색하니 제주 신화월드가 나왔습니다. 가격이 비쌌지만 그렇다고 막내의 기대를 외면하고 싶지 않아서 신화월드에서 1박을 하는 방법을 생각했습니다. 1박을 하면 무료 입장권과 놀이기구 이용권을 주니까요. 그리고 나머지 2박 숙소는 5인 가족이 갈 수 있는 가장 저렴한 곳으로 구했습니다. 그렇게 우리 다섯 식구의 제주 여행은 시작되었습니다.

10년의 시간을
위로하시다

이번 제주 여행은 아이들을 위한 것이니, 아이들이 원하는 대로 움직이려고 했습니다. 다만, 제주에 가면 뵙고 싶었던 두 분에게 연락을 드렸습니다.

둘째 날이었습니다. 점심에는 만나고 싶었던 작가님과 식사를 했고, 저녁에는 꼭 뵙고 싶었던 분과 저녁 약속을 잡았습니다. 대략 5년 전에 페친이 되신 분인데, 어떻게 페친이 되었는지는 잘 기억이 나지 않습니다. 하지만 지난 시간 동안 그분이 올리시는 글, 특히 제주에서 농사 지으며 살아가시는 글을 읽으며 제가 고흥에 내려갔을 때의 기억도 나고, 무엇보다 글에 따뜻함이 담겨 있어 제주에 가면 꼭 뵙고 식사를 대접하고 싶다는 생각을 했습니다. 그래서 연락을 드렸는데, 놀랍게도 그분 역시 육지로 나오게 되면 저를 꼭 만나야겠다고 생각하셨다고 말씀하시는 게 아닙니까. 그분도 저도 신기해 하면서 그렇게 만남이 성사되었습니다.

식당에 먼저 들어가 주문을 해놓고 기다리는데, 들어오시는 분

성도는 우리 가족뿐입니다

들 중 딱 봐도 그분이 누구인지 알아보겠더라고요. 처음 뵀지만, 낯설지 않은 느낌이었습니다.

식사를 하며 대화를 시작했습니다. 한 시간 정도 식사 후에 아이들을 숙소에 데려다 주고 저와 아내는 그분과 함께 카페에 가서 대화를 이어 가기로 했습니다. 아이들을 숙소에 내려 주는데, 그분이 갑자기 아내와 아이들 선물이라며 쇼핑백 하나를 건네주셨습니다. 그 안에는 화장품과 봉투 네 개가 들어 있었습니다. 일단 감사하다고 인사한 후 카페로 이동했습니다.

그분은 제주에서 살아가는 이야기, 특히 제주 환경과 제주 여인들, 여성농민회에 대한 이야기를 하셨는데, 그 이야기 속에서 제주를 엄청 사랑하시는 마음이 느껴졌습니다. 그리고 세상을 조금이나마 더 나아지게 하시려고 애쓰시는 모습에 숙연한 마음도 들었습니다.

무엇보다 제 마음을 사로잡은 것은 그분의 표정과 눈빛이었습니다. 말씀을 들어 보면 참 지난한 인생을 살아오신 것이 분명한데, 어찌 그 연세에도 그렇게 밝은 표정과 맑은 눈빛을 가지셨는지, 그 모습에 감동받았습니다. 순간 '나도 저렇게 나이 들고 싶다'라는 생각이 들었습니다. 사람을 향한 따뜻함, 생명을 사랑하는 마음, 그리고 하나님을 사랑하는 마음이 어우러져 자연스레 흘러나오는 것이 아닐까 싶었습니다.

시간이 어떻게 가는지도 모른 채, 심지어 의자가 상당히 불편했음에도 대화에 빠져들었습니다. 한참을 대화하다 보니 카페 마감 시간이 되었습니다. 시간이 늦었기에 다음을 기약하며 헤어졌습니다. 그리고 아이들이 걱정돼 얼른 숙소로 돌아왔습니다. 아이들은 잠자리에 들 준비를 하고, 아내는 짐을 정리했습니다. 그런데 갑자기 아내가 놀란 목소리로 저를 불렀습니다. 그러고는 제게 종이 한 장을 건넸습니다. 그 종이는 제가 태어나서 지금까지 한 번도 보지 못한 액수가 찍힌 수표였습니다. 15,000,000! 그 숫자를 보는 순간, 뭐라 말할 수 없는 감정이 제 몸을 휘감았습니다. 수표와 함께 있던 메모를 읽어 보았습니다.

"목사님, 한솔교회 예배당 건물을 위한 헌금을 드립니다. 이 헌금은 절대 제가 하는 헌금이 아님을 꼭 말씀드립니다. 오래전에 저에게 맡겨진 것을 적절한 곳에 드디어 드릴 수 있게 되어 너무 감사합니다. 위탁받아 오랫동안 살펴 오다가 특별히 최근에 한솔교회를 향한 마음의 감동이 생겼습니다. 이것은 하나님의 말씀인 줄로 여깁니다."

9월 초, 예배당 인수 비용에 관한 내용을 페북에 올린 적이 있습니다. 이천으로 오면서 예배당 인수 비용으로 3,000만 원을 전임 목사님에게 드렸는데, 앞으로 오게 될 후임자에게 부담을 덜 주고 싶어 당시 1,500만 원은 제가 헌금으로 해결하고, 1,500만 원은 아버지께 빌려서 전임 목사님에게 드렸다고요. 그리고 한솔교회 부임 10주년을 맞이하면서 나머지 1,500만 원도 아버지께 탕감해 달라고 부탁드려, 후임자가 오더라도 어떤 돈 거래가 없게 하겠다는 내용의 글이었습니다. 그때 그 글에 그분이 '고맙습니다'라고 댓글을 다셨는데, 이제야 그 의미가 무엇인지 한 장의 수표와 메모를 통해서 알 수 있었습니다.

다음날 아침, 부모님에게 전화를 드려 이런 사연을 말씀드리니 굉장히 놀라시는 눈치였습니다. 특히나 아버지가 많이 놀라신 듯했습니다. 아버지는 저한테 그 돈은 알아서 하라고 하셨지만, 그럼에도 교회가 아버지께 꾼 돈이니 500만 원이라도 드리겠다고 말씀드렸습니다. 당시 아버지께서 그 돈을 어떻게 구해 주셨는지 알기 때문입니다. 그 후, 남은 돈 중에서 반 조금 넘게 몇몇 교회와 아픈 분들에게 흘려보냈습니다. 저희 돈이 아닌 것 같았고, 당연히 그래야 했기 때문입니다. 그렇게 흘러들어가 좋게 쓰이는 것을 보면서 참 감사했습니다. 아직도 그날을 생각하면 얼떨떨합니다. 감사하기도 하고 두렵기도 합니다.

그 일 외에도 저희 가족이 제주 여행을 한다고 많은 분이 함께 기뻐해 주시고, 아이들에게 맛있는 밥 사 주라고 용돈과 선물을 보내 주시며 마음을 표현해 주셨습니다. 그래서 여행 내내 몇 번이나 눈물을 삼켰는지 모릅니다. 이렇게 사랑을 받아도 되나 싶었습니다. 제주 여행을 할 수 있도록 큰 금액을 기쁘게 후원해 주신 지인과 예배당을 위해 사용하라고 큰 금액을 헌금해 주신 그 어르신, 그리고 저희 가정에 마음을 표현해 주신 모든 분에게 감사할 뿐입니다. 제주 여행을 마치고 돌아오는 비행기 안에서 저와 아내는 같은 고백을 했습니다.

"하나님이 이번 여행과 만나는 분들을 통해 지난 10년의 시간을 위로하시고, 격려해 주시는 것 같아. 그리고 앞으로도 신실하게 성도로서 살아가라고 말씀하시는 것 같아."

제가 존경하는 목사님이 이렇게 말씀하셨습니다. '성도는 한결같은 사람이다. 선택의 기로에서 무엇을 선택할지 알 수 있는 사람이다.' 저와 아내가 앞으로 이렇게 살 수 있으면 좋겠습니다. 사람이기에 한계는 있겠지만, 한결같이, 투명하게 살 수 있으면 좋겠습니다.

성도는 우리 가족뿐입니다

아내의
피아노

아내는 오랫동안 피아노를 쳤습니다. 물론 전문적으로 배우지는 않았습니다. 교회에서 성가대 반주를 하면서 혹독하게 배운 덕분에 웬만한 반주는 할 수 있게 되었고, 연애 때는 피아노 학원에서 아이들을 가르치기도 했습니다. 결혼 후에는 제가 다니던 교회로 옮겨서 반주를 했습니다.

결혼하면서 아내 집에 있던 피아노를 신혼집으로 가지고 왔습니다. 할머니와 장인어른께서 함께 사 주신 피아노라고 했습니다. 집에서는 소음 때문에 자주 치지 못했지만 아내는 그 피아노를 무척 아꼈습니다. 개척을 위해 고흥으로 내려갈 때도 그 피아노를 가지고 갔습니다. 이사 갈 집이 좁아서 굳이 가져가야 하나 고민했지만, 그 피아노를 예배당 건물에 두기로 했고, 예배드릴 때마다 아내는 반주를 했습니다.

그런데 이천으로 오게 되면서 12평짜리 집에 살다 보니, 피아노를 둘 데가 없었고, 예배당에는 오래되긴 했지만 소리가 나쁘지 않은

성도는 우리 가족뿐입니다

피아노가 있었습니다. 어찌해야 하나 고민하다가 당시 아는 성도님 가정에 저렴한 가격에 보내기로 했습니다. 아내가 얼마나 마음 아파했는지 모릅니다.

예배당에 있는 피아노는 예배드릴 때에만 사용했습니다. 예배당에 있다 보니 다른 용도로 사용할 일은 거의 없었습니다. 관리는 잘 안 됐고, 오랜 기간 사용하며 소리는 조금씩 어긋났습니다. 심지어 건반 몇 개는 소리조차 나지 않았습니다. 아내가 조율하면 좋겠다고 했지만, 차일피일 미루다 보니 하지 못하고 있었습니다.

그러던 어느 날, 가족 찬양을 촬영해서 해외에 있는 교회로 보내야 했습니다. 전혀 생각하지 못한 일이었는데, 갑자기 부탁을 받아서 촬영하게 되었습니다. 그때 저는 전혀 문제를 못 느꼈는데, 반주를 하던 아내는 불편함을 느꼈나 봅니다. 제게 조용히 이야기하더라고요.

"여보, 우리도 신시사이저 하나 있으면 좋겠어요."

제가 악기 관련하여 아는 것도 없고, 비용도 비용인지라 아내의 말을 웃으며 넘길 수밖에 없었습니다. 그런데 얼마 지나지 않아 한 자매로부터 연락이 와서는 제게 건반이 필요한지를 물었습니다. 전혀 예상치 못한 연락에 얼마나 놀랐는지 모릅니다. 이 자매가 악기 관련 일을 하고 있는지는 전혀 몰랐기 때문입니다.

자매가 일하는 악기 대리점 점장님이 매달 교회 한 곳을 선정해 신시사이저를 후원하고 있는데, 제 생각이 나서 연락을 한 것이었습니다. 그 마음이 얼마나 고마웠는지 모릅니다. 한편으로 그 타이밍이 매우 놀랍기도 했고요.

그렇게 한솔교회에 건반이 생겼습니다. 아내가 매우 좋아했습니다. 피아노 학원을 다니던 둘째 아이도 매우 좋아했고요. 전혀 예상치 못한 선물에 얼떨떨했습니다. 그 자매에게도 감사하고, 대리점 점장님에게도 감사하고, 하나님에게도 감사합니다. 이 은혜를 어찌 갚으며 살아야 할지 모르겠습니다.

성도는 우리 가족뿐입니다

한마음으로

한솔교회 예배당이 있는 상가는 지어진 지 21년이 되었습니다. 오래된 이유도 있지만, 애초에 허술하게 지어서 건물 관리에 어려움이 있습니다. 특히나 거의 매년 동파와 누수 문제는 머리를 아프게 합니다. 지하에 있다 보니 누수 피해는 대개 저희가 보고 있습니다. 부임 이후 8년 동안은 거의 매년 현관 입구 위쪽에 있는 배관이 얼었다가 녹으면서 피해를 입었습니다.

2020년 1월이었습니다. 올 것이 왔습니다. 며칠 전 한파가 몰아친 후유증입니다. 그런데 문제는 전혀 예상치 못한 곳에서 터졌습니다. 예배당 현관 입구는 예상하고 있었는데, 예배당 내에서 터질 줄은 몰랐습니다.

주일 아침 예배를 드리려고 예배당에 갔습니다. 저는 예배 준비를 위해 사무실로 직행하고, 아이들은 예배당으로 들어갔는데, 갑자기 놀란 목소리로 저를 부르기 시작했습니다. 급하게 예배당으로 가 보니 예배당 중앙에 텍스가 떨어져 있고, 천장을 보니 누수 흔적이 있었습니다. 강단 위쪽에도 누수 흔적과 함께 그 부분의 텍스가 떨어져 있었습니다. 예배당 쪽 화장실 소변기와 변기는 이미 얼어붙어 있었고요.

지난여름, 비가 많이 와서 예배당 천장 부근에 누수가 심했고, 곰 팡이가 너무 많이 퍼져 고생한 적이 있습니다. 보통 예배당에는 여름에 문제가 생기고, 예배당 현관 입구에는 여름과 겨울에 문제가 생기는데, 그날은 여름이 아님에도 예배당 천장에 문제가 생긴 것입니다. 예배당 현관 입구에서만 문제가 생길 것을 예측했는데 말입니다.

어떻게 수습해야 할지 막막했습니다. 한솔교회에서는 문제가 발생했을 때 모든 문제를 제가 해결해야 하다 보니 어려움이 생깁니다. 그렇다고 큰 비용이 드니 설비 기사님을 부를 수도 없고, 혹시나 불렀다가 문제가 더 커질까 싶기도 했고요. 그렇게 2주 넘게 어떻게 해야 할지 걱정만 하고 있었습니다.

고민 끝에 지난번 누수 때, 원인 찾는 일을 도와주신 성공회 신부님에게 도움을 청했습니다. 그리고 그 소식을 들은 이웃 교회 목사님 두 분도 흔쾌히 도와주시겠다고 하셔서 며칠 뒤 역전의 용사들이 모이게 되었습니다.

물론 누수 원인은 찾지 못했습니다. 다행히 예배당 중앙 문제는 1층 상수도 동파가 원인이라서 수리하면 더 이상 샐 일이 없었습니다. 다만, 강단 위쪽이 문제였습니다. 설비 기사님을 부른다 해도 누수의

성도는 우리 가족뿐입니다

원인을 못 찾을 확률이 높고, 출장비만 20-30만 원 나갈 수 있다고 들었습니다. 그래서 누수된 곳의 텍스를 떼어 내고, 붙이는 작업을 하기로 결정했습니다.

네 명의 용사들은 물 자국과 곰팡이 자국이 있는 텍스를 일일이 떼어 내고, 떼어 낸 곳에 남아 있는 타카못을 제거했습니다. 그 후 목공풀과 타카총을 이용하여 텍스를 다시 붙였습니다. 그렇게 동네 목사님들이 오셔서 함께해 주신 덕분에 예배당 천정이 말끔하게 정리되었습니다.

간단하다고 판단해서 빨리 끝날 줄 알았던 작업은 생각보다 오래 걸렸습니다. 오후 3시에 시작해서 7시가 넘어서 끝났습니다. 누수 문제는 완전히 해결하지 못했지만, 말끔해진 예배당을 보니 기분이 좋았습니다. 다음날에는 아내와 함께 예배당을 청소했습니다. 먼지가 너무 많아서 다 닦아 내느라 애를 좀 먹었습니다. 덕분에 그 다음 주일에는 깨끗해진 예배당에서 예배할 수 있었습니다.

혼자라면 엄두도 못 냈을 텐데, 성공회 신부님, 이웃 교회 목사님 두 분이 함께해 주셔서 어려움을 넘길 수 있었습니다. 연고도 없는 곳에 와서 이렇게 좋은 분들을 만나니 이보다 큰 복이 없습니다.

천사의
방문

저는 목사로서의 부르심을 늘 고민합니다. 내적인 부르심이야 분명하지만, 외적인 부르심은 고민이 됩니다. 일반적으로 목사의 외적인 부르심을 회중이라 생각하기에 그렇습니다.

목사가 되겠다고 신학대학원을 들어갔을 때만 해도 외적인 부르심을 전혀 몰랐습니다. 주관적 확신에 따라 신학대학원에 들어갔을 뿐입니다. 물론 주변에서 제가 목사가 되면 좋겠다고 말씀해 주신 분들이 있기는 했습니다.

하지만 공부하면서 목회자에게 두 가지의 부르심이 있다는 것을 알게 된 이후로 외적인 부르심은 언제나 제 고민거리였습니다. 페북 '과거의 오늘' 기능을 통해서 매년 연말에 쓴 글을 읽어 보면 늘 '그 주제', 즉 외적인 부르심이 등장하니 말입니다.

아내와 마트에서 장을 보고 있을 때 어떤 분이 전화를 하셨습니다. 그분은 무작정 한솔교회 예배당 앞에서 전화를 하신 거였고, 제가 교회로 돌아갈 수 있는 시간에 맞춰 약속을 다시 잡아야 했습니다.

성도는 우리 가족뿐입니다

어쨌든 그분은 오후 5시가 조금 넘어 예배당으로 오셨습니다. 한 손에는 닭 강정과 치즈 케이크, 다른 한 손에는 마스크와 견과류가 들어 있는 두 개의 쇼핑백을 들고 들어오시며 제게 반갑게 인사하시는데, 저는 그분이 누군지 알아보지 못했습니다.

그분은 무슨 일로 방문하셨는지를 말씀해 주셨습니다. 놀랍게도 그분은 몇 년 전에 한솔교회에서 예배를 드린 적이 있다고 하셨습니다. 이천으로 이사를 오셔서 처음 방문한 교회가 한솔교회였다고 말씀하셨습니다. 한솔아파트에 사실 때, 1년 정도 단지 내 어린이 도서관에서 일하셔서 저희 아이들도 알고 계신다고 말씀하셨습니다.

그분 말씀을 듣고 몹시 죄송했습니다. 왜 그분을 만난 기억이 없는지 지금 생각해도 궁금합니다. 사실 제가 한솔교회에 부임한 후 저를 모르고 한솔교회에 방문하신 분이 그리 많지 않기에 거의 다 기억하고 있습니다. 그리고 과거에 영업을 한 적이 있어서 사람은 잘 기억한다고 생각하는데 말입니다.

그분은 한솔아파트로 이사하시고 난 후 처음 방문한 한솔교회를 섬기고 싶었지만, 남편의 의견에 따라 옆 동네 교회에 1년 정도 출석하시며 세례를 받으셨다고 하네요. 지금은 지역 내 규모가 있는 교회에 출석하신다고 하고요. 우여곡절을 겪으며 주님의 은혜를 크게 경험하셨고, 그 은혜를 나누고 싶었다 말씀하시며 조만간 이사를 가시는데 그 전에 한솔교회를 꼭 다시 한 번 방문하고 싶으셨다고 말씀하셨습니다. 더 오래전에 오고 싶으셨지만, 기회를 놓치셨다며, 들고 오신 선물과 헌금 봉투를 내려 놓으셨습니다. 물론 그분은 한솔교회 상황을 전혀 모르고 계셨습니다. 그래서 간단히 한솔교회 역사와 제가 부임한 이후의 상황을 알려 드리며 이렇게 말씀드렸습니다.

"이런 상황을 보면 한솔교회가 왜 지금까지 이 자리에 있는지, 또한 제 부르심을 고민하게 됩니다. 그런데 한솔교회와 제 상황에서 오늘 성도님의 방문은 하나님의 위로와 격려처럼 느껴집니다. 하나님이 마치 천사를 보내 주신 것같이 느껴지네요. 정말 감사합니다."

이 말을 듣고 그분도 무척이나 기뻐하셨습니다. 한솔교회에 도움을 줄 수 있어 기쁘고, 하나님의 은혜를 나눌 수 있어 기쁘다고 말씀하셨습니다. 그러시고는 첫째 아이를 보고 싶어 하셔서 첫째 아이를 오라고 해서 인사를 시켰습니다. 그런데 첫째 아이도 그분을 못 알아보네요.

이분의 방문은 지금까지 잘 버텨 온 것처럼 앞으로도 제게 주어진 일들을 성실히 하라는 하나님의 응원처럼 느껴졌습니다. 한편으로는 나태해지지 말라는 채찍으로도 느껴졌고요. 두고두고 이 날을 잊지 못할 것 같습니다.

성도는 우리 가족뿐입니다

매주 이러면
좋겠지만

오전 10시 20분. 여느 때와 달리 예배당이 시끌벅적했습니다. 그리고 20분이 지나서는 소리가 좀 더 커졌습니다. 평소에는 10시 50분이 되어도 저희 아이들이 뛰어 노는 소리밖에 들리지 않는데, 그날은 달랐습니다. '매주 이러면 좋겠다'라는 생각이 들었습니다.

그날은 저희 가정 포함 성인 열두 명, 아이들 일곱 명이 함께 예배했습니다. 다섯째 주가 있는 달 마지막 주에는 원래 다니는 교회에 예배가 없다며 두 분이 오셨고, 성인 여덟 분과 아이 네 명은 용인에 있는 교회에서 방문하셨습니다. 이렇게 많은 분이 함께 예배하니 찬송 소리도 컸고, 에너지도 넘쳤습니다. 그분들이 준비해 오신 재료로 시끌벅적하게 식사를 하니 밥맛이 꿀맛이었습니다.

그 전날에는 예배 때 오셨던 성인 여덟 분과 아이 네 명 외에도 성인 다섯 분, 아이 한 명이 더 와서 경로당 어르신들을 섬겨 주셨습니다. 식재료까지 다 준비해 오셔서 비빔밥으로 어르신들을 대접했고, 식사 후에는 어르신들께 발마사지를 해드렸습니다. 발마사지를 받으면서 환하게 웃으시는 어르신들을 보면서, 그리고 기쁨으로 어르신들에게 발마사지를 해드리는 성도들을 보면서 가슴이 벅찼습니다. 어떤 대가를 바라지 않고 순수하게 섬기시는 모습에 얼마나 감동을 받았는지 모릅니다. 이런 성도들이 있기에 아직까지는 한국 교회에 희망이 있는 것이 아닌가 싶습니다.

전날 오후에도 아파트 내 아이 몇 명을 초대해서 레크레이션을 진행해 주셨고, 떡볶이와 팥빙수로 아이들을 섬겨 주셨습니다. 그날 저녁에 첫째 아이가 정말 재밌었다고, 행복한 하루였다고 말할 정도로 아이들에게는 유익한 시간이었습니다. 그리고 이틀 동안 쓰레기봉투 전도도 했습니다. 날이 많이 더웠는데도 땀을 흘리며 애써 주셔서 얼마나 감사했는지 모릅니다.

이틀 동안 섬겨 주신 분들이 제게 이런 말씀을 하셨습니다. "어제와 오늘, 아파트를 돌면서 전도도 해보고 지켜보니 목사님이 참 쉽지 않으셨으리라 생각이 듭니다. 와서 보니 딱히 할 수 있는 것이 없네요. 그런데 지난 시간 동안 어떻게 자리를 지키셨는지……."

전날 저녁에는 오신 분들을 대상으로 두 시간가량 강의를 했습니다. 왜 성경을 읽어야 하는지, 어떻게 성경을 읽어야 하는지 등을 함께 나누며 우리 모습을 점검해 보는 시간을 가졌습니다. 이 모습을 본 아내가 이런 말을 했습니다.

"여보, 강의할 때 보니 당신 눈빛이 아주 초롱초롱했어요. 당신

성도는 우리 가족뿐입니다

은 강의할 때 정말 기뻐하는 게 느껴져요."

제가 생각해도 두 시간이 어떻게 지났는지 모르겠습니다. 들어주시는 분들이 집중해 주셔서 저도 힘이 났던 것 같습니다. 예배가 끝나고 점심 식사 후에 성도님들이 제 책장을 보시고는 책을 주제로 대화를 나누기도 했습니다. 그 모습이 얼마나 보기 좋았는지, 제가 가지고 있는 책 4권을 선물로 드렸습니다.

사실 한솔교회에 와 보신 분들은 아시겠지만, 이곳에서 딱히 할 수 있는 것이 없습니다. 제가 이천에 올 때 연고가 있는 상태도 아니었고, 오기 전부터 교회 이미지가 굉장히 안 좋아서 성도도 없는 상태였으니까요. 게다가 상가 지하여서 여름에는 습기와 냄새, 겨울에는 추위와 싸워야 하는 상황이고, 저와 아내 둘이서 특별히 무언가를 할 수 있는 상황이 아니었습니다. 지난 시간을 어떻게 지나왔는지 모르겠습니다. 누군가는 핑계라고 하실 수도 있겠지만요. 하지만 이런 상황에서 이러한 이웃 교회 성도님들과 손님들의 방문은 큰 힘이 되었습니다. 이것이 진짜 위로네요.

우리의
위로와 소망

2018년 6월, 지인의 부탁으로 병원 심방을 가게 되었습니다. 병원에 계신 분은 지인의 친척이었는데, 1년 전 암에 걸리고 치료를 받으셨지만, 더 이상의 치료는 의미 없다는 판정을 받으시고, 지역 병원에서 인생의 마지막을 준비하고 계셨습니다. 마침 그 어르신이 계신 병원이 이천에 있었기에 지인이 제게 부탁하신 것입니다. 그리고 심방 부탁과 함께 한 가지를 더 말씀하셨습니다. 그분은 예수님을 믿는 분이지만, 사정상 교회에 소속되지 않으셨기에 그분에게 복음을 전해 줄 것을 부탁하셨습니다.

직접 만나 뵈었을 때, 많이 힘들어 하시기는 했지만, 거동도 하실 수 있었고, 말씀도 잘하셨습니다. 이틀 후 다시 찾아뵀는데, 어르신은 조금 더 나아 보였습니다. 며칠 후에도 찾아뵀는데, 그전보다 조금 안 좋아 보이기는 했지만 그래도 괜찮으셨습니다.

다음날 어르신은 서울에 있는 병원에 갔다 오신 뒤, 이천 병원에 다시 입원해야 했지만 당장 병실이 없어 하루 동안 집에 머무르셨습

성도는 우리 가족뿐입니다

니다. 이천 병원에 입원할 수 있게 되었을 때, 찾아뵀는데, 어르신의 상태가 굉장히 안 좋아 보였습니다. 그 사이에 무슨 일이 있었는지 모르지만, 급격하게 안 좋아지신 것이 느껴졌습니다.

저는 시간이 얼마 안 남았음을 직감하고 어르신을 방문할 때마다 말씀을 전했습니다. 로마서, 고린도전서, 에베소서, 히브리서, 요한계시록에 있는 본문으로 말씀을 전했습니다. 시간이 갈수록 어르신께서는 말씀을 더욱 사모하시며 "아멘"으로 화답하시기까지 했습니다. 또한 몸이 쇠약해질수록 저를 더 기다리신다는 것이 느껴졌습니다.

어르신을 보면서 우리에게 참된 위로와 소망이 무엇인지 묵상하게 되었습니다. 특히 로마서 8장 31-39절 말씀과 하이델베르크 요리문답 1문이 이전과는 다르게 다가왔습니다.

문: 살아서나 죽어서나 당신의 유일한 위로는 무엇입니까?

답: 살아서나 죽어서나 나는 나의 것이 아니요, 몸도 영혼도 나의

신실한 구주 예수 그리스도의 것입니다. …… 그의 성령으로 그 분은 나에게 영생을 확신시켜 주시고, 이제부터는 마음을 다하여 즐거이, 그리고 신속히 그를 위해 살도록 하십니다.

저는 말씀을 전하고 어르신의 손을 잡고, 때로는 어르신의 머리에 손을 얹고 기도했습니다. 주님이 어르신에게 위로와 평강을 주시기를 기도했습니다. 제가 할 수 있는 일이 그것밖에 없었지만, 그것이 어르신에게 가장 위로가 되기를 바라는 마음으로 기도했습니다. 그리고 주일이 되었을 때, 어르신께서는 얼마나 힘드셨는지 하나님이 자신을 빨리 데려가면 좋겠다며 기도해 달라고 요청하셨습니다. 그 기도를 함께하면서 얼마나 마음이 무거웠는지 모릅니다.

그 기도를 한 다음날, 외부에 일정이 있어서 심방을 못 갔는데, 지인의 어머니이신 어르신의 동생 분으로부터 전화가 왔습니다. 그날 오전에 어르신께서 하나님의 부르심을 받으셨다고 말입니다. 그 동생 분은 사실 제가 주일에 찾아뵀을 때 임종 전 예배를 요청하시려고 했는데, 그것을 생각할 겨를도 없이 돌아가셨다는 말씀을 하셨습니다.

어르신의 장례식에 조문을 갔습니다. 집에서 불과 3분 거리에 있는 장례식장이었습니다. 조문하고, 지인과 어르신의 동생 분, 그리고 유가족에게 인사를 드렸습니다. 저희는 극구 사양했지만, 어르신의 동생 분은 저에게 고맙다며 사례까지 하셨습니다.

불과 12일간의 시간이었지만, 어르신을 뵙게 된 것은 하나님이 제게 주신 큰 은혜였다고 믿고 있습니다. 말씀을 듣고 "아멘"으로 화답하시는 어르신을 보면서 제가 얼마나 위로를 받았는지 모릅니다. 또한 성도의 교제가 무엇인지 확인하는 시간이기도 했습니다. 제가 이천에 온 지 만 10년이 넘었는데, 이천에 살면서 가장 행복한 시간이었고, 제가 이천에 머무는 의미를 새삼 발견하는 시간이기도 했습니다. 아마도 어르신을 평생 잊지 못할 것 같습니다. 특히 어르신이 하나님에게 소망을 두시는 그 모습, 그리고 제게 보여 주신 그 마음, 잊지 못할 것 같습니다.

PART 5.

목사, 남편, 아빠, 아들이라서
행복합니다

아내의
일기장

2006년 9월 12일, 아내를 처음 만난 날입니다. 그동안 2006년 8월 말 쯤으로 기억하고 있었고, 두 번째 만남을 9월 중순으로 알고 있었는데 드디어 정확한 날을 알게 되었습니다. 아내가 기억하는 저의 첫 인상은 '키 큰 윤정수'였네요. 당시 '캔모아'라는 생과일주스 카페에서 만났는데, 제가 저녁 금식 중이라는 이유로 아내에게 생과일주스와 샌드위치 하나를 사 주었고, 저는 물만 마셨습니다. 그래서 아내는 맛이 없었다고 하네요.

어느 날 밤, 팔아야 할 책을 정리하다가 무언가를 발견했습니다. 아내의 일기장이었습니다. 아내는 2006년 9월 12일부터 2007년 1월 11일까지 저와의 만남을 일기로 남겼습니다. 결혼 후 제가 우연히 발견하고 따로 보관해 두었는데, 책 정리하다가 다시 발견하게 된 것입니다.

그날 책을 정리하다 말고 한 시간가량 미소 지으며 몰입해서 읽었습니다. 두 번째 만남 이후로는 거의 매일 만났는데, 그때의 기록이

성도는 우리 가족뿐입니다

전부 남아 있습니다. 아내는 저를 '오빠'라고 불렀고, 저는 아내를 '애기'라고 불렀네요. 그러고 보니 예전 휴대 전화에 아내 별칭이 '이쁜울애기'였습니다. 지금은 '이쁜울마눌'이고요. 참 한결같습니다.

아내를 만날 당시 매우 바쁜 생활을 했던 터라 대개는 한 시간 이내의 만남이었고, 심지어 5분만 보고 헤어진 적도 있습니다. 주로 공원에서 데이트를 하거나 차 안에서 데이트를 했습니다. 당시에 돈이 정말 없어서 그렇게 데이트를 했습니다.

일기의 키워드를 뽑자면, '피곤', '김기사', '설렘', '듬직'입니다. 제가 바쁘게 살았기에 늘 피곤했고, 그 와중에도 아내를 교회에서 집까지 늘 데려다 주었습니다. 아내는 저와의 만남을 늘 설렘 가운데 기다렸고, 저를 듬직하게 생각했습니다.

아내는 제가 목회자가 될 것을 알고 만났음에도 저와 결혼을 마음먹기까지 갈등을 했는데, 그 흔적들이 일기 안에도 남아 있습니다. 그럼에도 만난 지 2개월 만에 결혼 이야기를 했고, 4개월 만에 상견례를 했으며, 1년이 조금 넘은 2007년 10월 6일에 결혼해서 지금까지 잘 살고 있습니다.

아내의 일기를 보면서 아내에게 새삼 고맙고 미안했습니다. 연애 당시에도 제대로 된 데이트를 못해 봤고, 결혼하고 나서도 늘 고생만 시킨 것 같은데, 삶의 정황을 탓하지 않고, 불평 한마디 없이 저와 지금까지 감사하며 살아가고 있으니 말입니다.

내 인생

최고의 복

제가 결혼하고 나서 3개월 만에 양 무릎 수술을 받게 되어 아내는 임신한 몸으로 제 뒷바라지를 하느라 매우 고생했습니다. 무릎이 회복되고 나서는 교회 사역과 신학대학원 학업 때문에 엄청 바빠서 아내와 첫째를 잘 돌보지 못했습니다. 둘째를 낳고 학업을 마칠 때까지도 같은 상황이었습니다. 나중에 아내에게 그 기간 동안 혼자 잠 들면서 많이 울었다는 이야기를 듣고 얼마나 미안했는지 모릅니다. 그 와중에도 아내는 자신의 자리를 묵묵히 지켰습니다.

아내는 인천 토박이였고, 인천을 한 번도 떠나 본 적이 없어서 그랬는지 고흥에서 목회를 시작할 때도 고흥으로 내려가는 것을 두려워했습니다. 저는 아내를 6개월 넘도록 설득했는데, 감사하게도 하나님이 원하시는 삶을 살고 싶다는 생각과 저를 향한 믿음으로 따라와 주었습니다. 그곳에서도 마을 어르신들을 잘 섬기면서 제 옆을 묵묵히 지켜 주었습니다. 그러다 갑작스럽게 고흥을 떠날 수밖에 없었을 때에도 아내는 제 결정을 이해해 주고, 저를 믿고 따라와 주었습니다.

성도는 우리 가족뿐입니다

2016년 3월 말에는 제가 허리를 다쳐서 병원에 입원했는데, 그때도 아내는 고생을 너무나 많이 했습니다. 그 후로 지금까지도 몸이 시원찮은 남편을 뒷바라지하며 최선을 다해 교회와 가정을 섬기고 있습니다.

아내를 보면 참 신기합니다. 이만큼 고생했으면 제게 뭔가를 원할 것 같은데, 아직까지 딱히 저한테 무언가를 바라지 않습니다. 생활용품 외에 무언가를 사 달라고도 안 하고, 있으면 있는 대로, 없으면 없는 대로 삽니다.

가끔 아내는 웃으며 이렇게 말합니다. "내가 속아서 결혼했네." 그럼에도 언제나 저를 신뢰해 주고, 지지해 주며, 아이들을 잘 양육하고 있습니다. 한 남편의 아내로서, 세 아이의 엄마로서, 그리고 장인, 장모님의 딸로서, 시부모님의 며느리로서, 한 목회자의 아내로서 묵묵히 섬기고 있습니다. 아내가 없었다면 지금의 저 역시 없을 것입니다.

결혼 초만 해도 제가 아내에게 과분한 존재인 줄 알았는데, 지금은 그 생각이 얼마나 오만한 것이었는지 느끼고 있습니다. 오히려 아내가 제게 얼마나 과분한 존재인지 깨닫고 있습니다. 이런 아내에게 해줄 수 있는 것은 없지만, 한 가지 약속하는 것은 언제나 아내 옆에서 아내의 편이 되어 주겠다는 것입니다. 또한 아내가 기쁠 때 함께 기뻐해 주고, 아내가 슬프거나 힘들 때 언제나 어깨를 내어 주겠다는 것입니다.

아내를 만난 것은 제 인생 최고의 복입니다. 결혼 연차가 길어질수록 아내의 진가를 더욱 느끼고 있습니다. 사실 결혼하고 나서 한 번도 싸우지 않았는데, 이것은 전부 아내 덕입니다. 또한 때 묻지 않은 아내가 우여곡절 많은 저를 만나 고생하며 사는데, 그것을 고생으로 여기지 않아 고맙기도 합니다. 아내가 없었다면, 은미가 아니었다면, 지금까지 이렇게 목회하며 살 수도 없었을 것입니다. 아내에게 미안하고, 고맙습니다.

한솔교회의
유일한 성인 성도

저는 아내와 잘 지내려고 노력합니다. 결혼 전에 사소한 의견 차이로 한 번 다툰 것을 제외하면, 결혼 후 지금까지 한 번도 싸우지 않았습니다. 물론 안 싸운 것이 잘했다는 것은 아니니 절대로 오해하지 않으셨으면 좋겠습니다.

싸우지 않는 이유로는 제가 아내를 사랑해서 그런 것도 있고, 저 같은 사람과 결혼해 줘서 아내에게 고마운 마음도 있기 때문입니다. 제가 목회할 사람이라는 것을 알면서도 결혼하겠다고 한 것도 물론 싸우지 않는 이유가 됩니다. 지금 생각해 보면 웃음이 나는데, 당시 배우자의 유일한 조건으로 생각한 것이 '제가 신학교 가는 것을 인정해 주는 사람'이었거든요. 물론 싸우지 않는 가장 큰 이유는 아내가 착해서입니다.

그런데 또 한 가지 중요한 이유가 있습니다. 아내와 싸운 적은 없어도 아내에게 서운하거나 삐진 적은 종종 있습니다. 물론 내색은 안 하지만요. 하지만 그런 마음을 품으면 마음이 너무 괴로웠습니다. 특히 주일이 다가올수록 말입니다.

한솔교회에서 제 설교의 성인 청중은 아내가 유일합니다. 지금은 애들이 어느 정도 컸고 설교를 알아들을 수 있기에 몇 년 전부터는 아이들에게도 어느 정도 맞춰 설교를 준비하고 있습니다. 하지만 그 이전에는 누가 오실지 몰라 성인 청중을 대상으로 설교를 준비했는데, 거의 대부분 아내만 설교를 들었습니다. 그럼에도 아내는 언제나 저와 눈을 맞추며 열심히 말씀을 들었습니다. 그러다 보니 아내에게 서운한 마음을 품거나 삐지게 되면 설교를 못할 것 같더라고요. 그래서 그런 마음이 들 때, 그날을 넘기지 않으려 애썼습니다. 오래간다 해도 그 이틀날을 넘기지 않으려 노력했습니다. 그것은 아내도 마찬가지인 것 같습니다. 그래서 저희가 싸우지 않게 된 것이지요.

한번은 이런 적도 있습니다. 막내가 아팠을 때 도저히 아이들을 데리고 와서 예배를 드릴 수가 없었습니다. 그래서 첫째와 둘째에게 막내를 맡기고, 아내와 둘이서 예배를 드리기로 했습니다. 평소대로 아무도 오시지 않아 아내와 단둘이 주일 예배를 드렸습니다. 예배 인도를 어떻게 해야 할지 고민했습니다. 평소에는 아이들이 있기에 아이들 예배 교육 차원에서라도 예전에 따라 예배했는데, 아내와 단둘이 드리는 상황이 되었기 때문입니다. 고민 끝에 아내에게 예전을 따라 예배하지 말고 말씀 나눔만 하자고 제안했는데, 아내는 평소와 같이 예배하면 좋겠다고 말했습니다. 아내의 말에 순간 저 자신이 부끄

성도는 우리 가족뿐입니다

러워졌습니다.

아내의 말을 들으니 지난 날이 생각났습니다. 아내가 셋째 온유를 임신하고 입덧을 심하게 해서 처갓집에 가느라 저 혼자 몇 주간 예배를 드린 적이 있습니다. 그때는 혼자이면서도 예전을 따라 예배했습니다. 하나님에게 진정으로 예배하고 싶은 마음이 컸기 때문입니다.

잠깐이지만 간소화해서 예배하려고 했던 마음 때문에 하나님에게 죄송했습니다. 그래서 준비한 대로 진심을 다해 예전을 따라 예배했습니다. 평소에는 아내가 반주를 하고 저는 예배 인도를 했지만, 그날은 반주 없이 아내가 회중석에 앉고 저는 강단에서 예배 인도를 했습니다. 그리고 평소처럼 최선을 다해 준비한 말씀을 전했습니다. 아내의 말에 제 모습을 돌아볼 수 있어 기뻤습니다.

이런 점들은 한솔교회 성도가 가족뿐이어서 얻는 유익입니다. 고흥에서 목회하면서 어려움이 있었고, 이천에서는 저희 가족만 있는 교회에서 목회하지만, 그것을 통해서 배우는 것도 참 많음을 시간이 지날수록 느끼고 있습니다.

결혼 초만 해도 아내와 저는 살아온 배경이 다르다 보니 신앙의 색이나 생각에 차이가 있었습니다. 하지만 함께 살아가고 대화하다 보니, 특히 아내는 10년 넘게 제 설교를 듣다 보니 이제 저와 같은 생각을 가지고 같은 가치관을 지향하게 되었습니다. 어쩌면 아내가 제 목회의 유일한 열매라고 할 수 있겠네요.

"아빠 아들로
태어나 줘서 고마워"

태어나서 지금까지 부모님과 휴가라는 것을 가 본 적이 없습니다. 부모님에게 휴가라는 것이 없었는데, 지금 돌아보면 가난해서 시간이 있어도 어디를 가야겠다는 생각조차 안 했던 것 같습니다. 아내에게 물어 보니 아내도 아버님이 여수에 근무하실 때 간 것 빼고는 어디를 가 본 적이 없다고 하네요. 휴가는 집에서 쉬는 거라고 배웠다면서 텔레비전에서 휴가철 차량 이동하는 장면이 나오면 "저것 봐. 휴가철에 집 나오면 고생이야"라고 늘 말하며 지냈다고 합니다.

그러다 보니 아내나 저나 여행을 잘 할 줄 모릅니다. 저희 가족이 여행한 것은 2017년 가족 동반 모임으로 몇 가정이 제주에 갔다가 그 이후 추가로 저희만 따로 2박 일정을 잡은 것이 유일하고, 그 외에는 지인 투어나 고향, 처가에 간 것이 전부입니다. 제주에 갔을 때도 비용 때문에 고민하다가 큰맘 먹고 이틀 있었을 뿐입니다.

고기도 먹어 본 사람이 먹을 줄 알고, 여행도 가 본 사람이 갈 줄 아나 봅니다. 결혼하기 전까지 해외여행을 가 봐야겠다는 생각을 한

성도는 우리 가족뿐입니다

번도 해 본 적이 없고, 결혼 후에는 갈 형편이 안 돼서 한 번도 못 간 것을 보면요.

그러던 어느 여름날, 아내가 아이들과 집에만 있다 보니 답답했는지, 갑자기 드라이브를 하고 싶다고 하더라고요. 그래서 갈 곳을 정하지도 않고 일단 차를 탔습니다. 아내에게 어디 가고 싶으냐고 물으니 처음엔 잘 모르겠다고 하다가, 사람이 없는 계곡에서 발이나 담그자고 해서 양평 계곡으로 행선지를 정했습니다. 그런데 이게 웬걸요. 주차장에 주차할 곳이 없을 정도로 사람이 많았습니다. 그래서 차에서 내리지도 않고 두물머리로 이동했습니다. 우리의 목적은 오로지 텔레비전에 나왔다는 두물머리 핫도그를 먹는 것이었습니다.

공영 주차장에 차를 주차하고, 두물머리로 걸어가는데, 경치가 기가 막히더라고요. 덥기는 했지만 나오기를 잘했다는 생각이 들었습니다. 입구에서 사진을 한 컷 찍고 다시 두물머리 안쪽으로 이동했습니다. 그런데 그 유명한 핫도그 가게가 보이지 않았습니다.

주변을 둘러보니 몇몇 어르신이 핫도그를 드시고 계셨고, 그 근처에 있으려나 하고 둘러보니 마침 핫도그 가게 하나가 보였습니다. 핫도그 다섯 개를 사고, 그 옆 편의점에서 아이들에게 음료수 하나씩을 사주고, 근처 한적한 벤치에 앉아 핫도그를 먹었습니다. 핫도그는 엄청 맛있었습니다. 또 근처에 보니 양말, 손수건, 모자 등을 파는 잡화점이 있어서 구경하러 들어갔는데, 아이들이 열쇠고리에 관심을 보였습니다. 기분 좋게 나들이 왔으니 아이들 손에 하나씩 들려 주었습니다. 그게 뭐라고 못 사 주나 싶어서요.

그래도 밖에 나왔으니 아이스 아메리카노 한 잔을 마시고 싶어서 카페에서 사서 밖으로 나오는데, 왼쪽 편에 웬 긴 줄이 보이는 것이 아니겠습니까. 알고 보니 바로 그 집이 저희가 찾던 핫도그 집이더라고요. 그래도 맛있게 먹었으니 후회하지 않습니다.

아들이랑 손잡고 밖으로 나오는데, 갑자기 어렸을 때 부모님과 한 번도 휴가를 간 적이 없다는 생각이 났습니다. 그래서 옆에 있는 아들한테 이렇게 말했습니다. "아빠 아들로 태어나 줘서 고마워." 이 말을 하는데 왜 이렇게 울컥한지 ……. 작은 핫도그 하나에도, 편의점 음료수 하나에도, 작은 열쇠고리 하나에도 고맙다며 인사하는 아이들 생각에 그랬나 봅니다.

어렸을 때 가난했지만, 가난이 뭔지 모르고 자랐습니다. 우리 집이 가난했다는 것도 성인이 되어서야 알았으니 말입니다. 어머니 말씀으로는 가난해서 학원도 못 보냈다고 하셨습니다. 제가 제육볶음을 가장 좋아하는데, 성인이 되어서 고기를 사러 가 보니 제육볶음용 고기가 가장 싸다는 것을 알게 되었습니다. 어릴 때 한 달에 한 번 정도 먹었던 것 같은데, 그 이유가 가난 때문이었던 것 같습니다. 그럼에도 당시엔 이 사실을 잘 모르고 살았으니 괜찮다고 생각합니다.

우리 아이들도 그러면 좋겠습니다. 제 형편 때문에 해줄 수 있는

성도는 우리 가족뿐입니다

것은 한계가 있겠지만, 그럼에도 아이들이 결핍을 느끼지 않으면 좋겠습니다. 물론 이 또한 제 욕심일지 모르겠지만요.

"잘 살아 줘서
고마워"

처가에서 추석을 지낸 적이 있습니다. 그 명절에 장인어른께서는 저에게 가족 예배 인도를 부탁하셨습니다. 추석 당일 오전, 가정 예배를 드렸습니다. 처남 가족은 오지 못했고, 저희 가정과 아버님, 어머님이 함께했습니다.

시편 106편을 본문으로 하나님의 성품 중 인자하심을 나누었습니다. 하나님 앞에서 우리 가정이 어떻게 살아가고 있는지, 하나님이 우리에게 얼마나 큰 은혜를 베풀고 계신지, 앞으로 어떤 자세로 살아가야 할지를 나누었습니다.

그런데 어머님이 설교가 시작되고 얼마 지나지 않아서 눈물을 흘리기 시작하시더니 설교 시간 내내 멈추지 않으셨습니다. 예배가 끝날 때까지도 계속 훌쩍이셨습니다.

예배를 마치기 전 온 가족에게 말할 기회를 드렸는데, 아버님은 가족들을 향한 부탁을, 어머님은 말씀을 들으시며 깨달은 내용을 말씀하셨습니다. 아내와 아이들은 쑥스러운지 말을 하지 않고요.

성도는 우리 가족뿐입니다

예배를 마친 후 아내와 어머님과 함께 식탁에 앉아 대화를 나누었습니다. 어머님이 제게 이런 말씀을 하셨습니다.

"기쁨 아빠, 오늘 말씀 너무 고마웠어. 사실 하나님이 말씀하시는데도 그 말씀을 듣지 않고 내 욕심대로 하는 일이 많다는 생각이 계속 들었는데, 오늘 말씀을 통해 스스로를 돌아보며 마음을 다잡은 것 같아. 그리고 기쁨이 아빠에게 참 고마운 것이, 은미가 결혼하고 나서 지금까지 한 번도 내게 힘들다고, 어렵다고 말한 적이 없다는 거야. 애들이랑 잘 살아 줘서 정말 고마워."

그 말씀을 듣는데, 오히려 제가 참 감사했습니다. 자식으로서 도리를 제대로 못하는 것 같고, 오히려 지금도 저희를 어떻게든 도우시려 할 때마다 너무나도 송구한데, 그렇게 말씀해 주시니 말입니다. 저는 아버님과 어머님을 보면서 그리스도인의 삶이 어떠해야 하는지를 많이 생각합니다. 지식적으로 많이 아시지는 못해도, 때로는 욕망을 따르시는 모습이 보여도, 하나님 앞에서 진실하게, 이웃과 나누며 사시는 모습을 보면서 저 또한 어떻게 살아야 할지 알게 됩니다.

<u>그저 곁에</u>

<u>오래 계시기를</u>

목회를 하겠다고 결정하고 나서 한 번도 후회한 적이, 아니 한 번도 행복하지 않은 적이 없습니다. 돌고 돌아 우여곡절을 겪고 나서 목회자가 되겠다고 다시 확신했을 때 얼마나 행복했는지, 그 행복감이 아직까지도 사라지지 않고 있으니 말입니다.

그런데 딱 두 가지가 마음에 걸립니다. 하나는 지인들의 경조사 때 드리고 싶은 마음만큼 축의금과 조의금을 하지 못하는 것이고, 또다른 하나는 자식으로서 양가 부모님에게 용돈을 드리지 못하는 것입니다. 사는 형편이 이렇다 보니 생기는 문제들입니다. 대부분의 목회자도 비슷하지 않을까 싶습니다. 물론 지인들도, 부모님도 충분히 저희 형편과 마음을 이해해 주시지만, 마음에 걸리는 것은 어쩔 수가 없습니다. 특히 양가 부모님에게는 죄송한 마음이 한가득입니다.

그래서 제가 할 수 있는 일은 기회가 될 때마다 아이들을 데리고 찾아뵙는 것뿐입니다. 양가 부모님에게 전화를 자주 드리고요. 온 힘을 다해 저와 아내를 키워 주셨기에 아무리 해도 부족한 것을 알지만,

성도는 우리 가족뿐입니다

그것이라도 하지 않으면 나중에 엄청 후회할 것 같습니다. 평생을 갚아도 갚을 수 없는 것이 부모님의 은혜라는 생각이 절실히 듭니다. 그럼에도 제 자식들 생각하는 것처럼 부모님을 생각하지 못하는 이기적인 자식입니다.

고향 집에 갔을 때였습니다. 이것저것 도와 드리고, 한 시간 동안 운동으로 동네 한 바퀴를 돌고 왔는데, 부모님이 마당에서 김을 매고 계셨습니다. 어머니가 저를 보시더니, 팔짱을 끼시며 이렇게 말씀하셨습니다.

"하나님이 엄마한테 아들을 주셔서 얼마나 좋은지 몰라."

아버지도 티를 많이 내시지는 않지만, 저희가 오면 많이 좋아하시는 것이 느껴집니다. 고 1 때 당진에서 부천으로 유학을 갔습니다. 부모님과 떨어져 객지 생활을 하면서 부모님이 얼마나 고생하시는지, 저와 동생을 얼마나 사랑하시는지 알게 됐습니다. 시간이 지날수록 더욱 그것이 느껴졌습니다. 그래서 언젠가 닥쳐올 현실이지만, 부모님의 부재를 생각만 해도 울컥합니다. 지금 제 곁에 부모님이 계신 것만으로도 얼마나 힘이 되는지 모릅니다.

한편으로는 아버지께서 많이 힘드셨겠다는 생각도 듭니다. 7남매의 장남으로 스물일곱 살에 청년 가장이 되어서 동생들을 건사하셨으니 부모님의 부재를 얼마나 크게 느끼셨을지……. 그래서 어쩌면 저와 동생에게 마음과 달리 사랑 표현을 잘 못하신 게 아닐까 싶습니다. 바라기는 하나님의 사랑을 아버지가 듬뿍 누리시면 좋겠습니다.

앞으로도 양가 부모님이 계시는 동안 자주 찾아뵙고, 자주 전화 드리려고 합니다. 농산물도 계속 중개해서 판매해 드리고, 모내기와 감자 수확도 하러 가고요. 그 외에도 저를 필요로 하시면 언제든 달려 가려고 합니다. 앞으로 양가 부모님에게 용돈도 드릴 수 있으면 좋겠지만, 그런 날이 올지는 잘 모르겠습니다. 그저 양가 부모님이 건강히 오래오래 저희 곁에 계시면 좋겠습니다.

성도는 우리 가족뿐입니다

특별한

휴가

결혼하고 나서 15년이 지날 동안 한 번도 처가 식구들과 함께 여행을 가 보지 못했습니다. 명절 때 모이고, 가끔 함께 식사를 하지만, 1박을 하며 휴가를 보낸 적이 없습니다.

　　결혼한 지 1년도 안 되어 처가에 큰 어려움이 생겼습니다. 결혼 당시만 해도 처가는 중산층이었는데, 큰일을 겪고 난 후 형편이 매우 안 좋아졌습니다. 살고 있던 아파트도 처분할 수밖에 없었고, 허름한 집을 옮겨 다니며 사서야 했습니다. 지금도 아주 오래된 다세대 주택에 살고 계시고요.

　　아버님은 그때부터 지금까지 경비 일을 하고 계십니다. 경비 일을 하시다 보니 24시간 일하시고 24시간을 쉬십니다. 아파트 관리 사무소의 직접 고용이 아니라 하청 업체 소속이다 보니 그동안 많은 어려움을 겪으셨습니다. 하지만 그 일을 그만두시면 생계가 어렵기 때문에 부당함을 견디며 일하셨습니다. 심지어 어느 해에는 연차조차 쓰지 못하셨습니다.

이런 상황에서 가족 휴가는 꿈도 꾸지 못할 일이었습니다. 처남 가족과 상의하여 어떻게든 시간을 맞춰 1박 2일이라도 나가 보자고 수차례 논의했지만, 그때마다 번번이 무산되었습니다. 어머님도 요양 보호사 일을 하시다, 지금은 장애가 있는 학생의 활동 보조사 일을 하고 계시는데, 역시나 어머님도 일정을 맞추기가 쉽지 않습니다.

올해 어머님이 일을 가시는 날짜가 조금 줄었습니다. 그리고 아버님도 올해는 정식으로 연차를 몇 개 쓰실 수 있게 되었습니다. 그래서 올해는 꼭 하루라도 가족 휴가를 가 보자며 처남과 상의했습니다.

처남은 강릉을 가고 싶어 했습니다. 아주 오래전부터 강릉을 함께 가고 싶다고 했는데, 아버님이 멀리는 못 가시겠다고 하셨습니다. 아버님은 멀리 다니시지 않다 보니 어느 순간부터 멀미가 심해졌다고 하시네요. 그래서 고민하다가 대부도로 결정했습니다.

처남네는 네 식구입니다. 일곱 살 된 아들이 있고, 아직 돌이 안 된 딸이 있습니다. 아이가 많다 보니 아이들이 자유롭게 물놀이도 할 수 있는 곳이면 좋겠다고 생각했습니다. 그리고 당시에 코로나도 확산세에 있다 보니, 비싸더라도 저희만 사용할 수 있는 공간을 구하기로 했습니다. 결혼 15년 만의 첫 가족 여행이기에 오붓하게 즐기고도 싶었고요.

숙소를 예약하고 여행 계획도 짰는데, 여행 전날 밤 9시, 너무나 안타까운 소식을 들었습니다. 일곱 살 조카가 감기 기운이 있어 자가

성도는 우리 가족뿐입니다

검사 키트로 코로나 검사를 하니 두 줄이 나왔다네요. 그 이야기를 듣자마자 숙소를 취소할 수 있는지 확인하니 하루 전에는 '환불 없음'이라고 공지되어 있었습니다. 그래서 급하게 옆 교회 목사님에게 스타렉스를 빌렸습니다. 처남이 아버님, 어머님을 모시고 오기로 했는데, 상황이 이렇게 되니 제가 전부 모시고 가야 하는데 제 차로는 자리가 부족했기 때문입니다.

다음날 숙소에 2시 30분쯤 도착하여 펜션 주인에게 숙소 이용법을 듣고 바로 예배를 드렸습니다. 어머님이 휴가 오기 전부터 예배로 시작하면 좋겠다고 말씀하셨기 때문입니다. 빌립보서 4장 10-13절을 본문으로 말씀을 나누었습니다.

바울이 감옥 안에서도 기뻐했고, 빌립보 교인들에게도 기뻐하라고 권면을 했듯이, 어떤 형편에 있든 자족하는 법을 배우고 그 상황 속에서도 하나님에게 영광을 돌렸듯이 우리 가족도 바울의 자세를 마음에 새기자고 권면했습니다. 앞으로 부모님이 더 늙으실 것이고, 더 편찮으실 것이고, 우리의 재정적인 형편이 더 안 좋아질지 모르지만, 그 속에서도 하나님의 신실하심을 잊지 말고, 지금처럼 주어진 삶 속에서 자족하며 감사하자고 권면했습니다. 사실 지금도 아버님, 어머님은 그렇게 살고 계시고, 저희도 그렇게 살려고 애쓰고 있습니다. 그래서 이 말씀은 마치 지금의 우리 가족을 격려하시는 말씀 같았습니다.

말씀을 전할 때도 울컥했는데, 말씀을 마치고 기도할 때도 눈물이 나서 기도를 할 수가 없었습니다. "하나님 ……"이라고 부르기만 했는데, 더 이상 말을 잇지 못했습니다. 하나님이 저희에게 베풀어 주신 은혜가 얼마나 큰지를 생각하니 계속 눈물이 흘렀습니다. 또한 아버님, 어머님이 저희에게 보여 주시는 신앙의 본을 생각하니 더욱 감사했습니다.

예배가 끝나고 아이들은 수영장에서 3시간 넘게 놀았습니다. 그 후 노래방 기계로 아이들은 신나게 노래를 불렀습니다. 정말 재밌게 놀았습니다. 그 모습을 보는데, 참 행복했습니다. 또 괜스레 눈물도 났습니다. 그럼에도 계속 드는 생각은 처남 가족이 없어서 너무 아쉽다는 것이었습니다. 평소에도 아내와 처남 사이가 매우 돈독했는데, 이런 중요한 순간에 함께하지 못해서 너무나 아쉬웠습니다.

성도는 우리 가족뿐입니다

아내 모교회의
방문

아내는 유아 때부터 결혼 전까지 한 교회를 다녔습니다. 그 교회에서 반주도 하며 청년 때까지 잘 다니다가 저와 결혼하면서 교회를 옮겼습니다. 아버님과 어머님은 지금도 그 교회를 열심히 섬기십니다. 두 분은 시간 날 때마다 예배당을 청소하시고, 예배당에 가서 기도도하십니다. 교회 근처에 계시려고 이사도 안 하실 정도입니다. 아버님은 경비 일을 하시느라 주일에 격주로 교회 가시는 것을 늘 마음에 걸려 하십니다.

현재 담임 목사님은 5년 전에 부임하셨는데, 저보다 한 살이 많음에도 오히려 저를 큰형같이 대해 주십니다. 작년에 어머님이 수술을 받으셨을 때도 큰 도움을 받았고요. 그리고 은퇴하신 원로 목사님은 저희 부부 주례를 서 주셨고, 저희를 자식처럼 생각해 주셨습니다. 사실 그 은혜를 잊을 수가 없는데, 은퇴 예식 이후로 자주 찾아뵙지 못해서 죄송할 뿐입니다.

2019년 12월, 아내 모교회에서 한솔교회를 방문하셨습니다. 아내 모교회는 제가 2011년 목회를 시작할 때부터 지금까지 저희 가정을 위해 기도와 후원을 해주고 계십니다. 심지어 교단에서 개척을 허락해 주지 않아 1년 반 넘게 교적 없이 목회할 때도, 목사님이 바뀐 이후에도 변함없이 지지해 주고 계십니다. 그럼에도 2011년부터 2017년까지 한솔교회를 직접 방문하시지는 못했습니다.

그러다가 담임 목사님이 바뀌시고 난 후, 2018년 10월에 처음 방문하셨습니다. 첫 방문 때 와서 보신 성도님들이 많이 놀라셨다고 전해 들었습니다. 기도하고 후원하고 있지만, 막상 현장에 방문해서 이야기를 듣기 전까지는 잘 모르셨으니까요. 그때 방문하신 후 더욱 관심을 갖고 기도해 주시고 말씀을 전할 기회도 주셨습니다.

이번에는 담임 목사님 포함 열네 분이 방문하셨습니다. 아버님도 함께 오셨습니다. 아버님은 경비 일을 하시기에 시간을 내시기가 쉽지 않았는데, 목사님이 아버님의 일정을 고려해 주셔서 함께 오실 수 있었습니다. 장모님도 함께 오시고 싶으셨지만, 왠지 펑펑 우실까 봐 못 오셨다고 합니다.

인천에서 10시 반쯤 출발해서 이천에 오시니 12시쯤이었습니다. 반갑게 인사를 나누고 예배와 기도회를 진행했습니다. 제가 사회와 설교를 맡았고, 모교회 선교 부장 권사님이 기도해 주시고, 모교회 담임 목사님이 기도회를 인도해 주셨습니다.

고린도전서 15장 57-58절 말씀을 고린도전서 16장, 고린도후서

8-9장 말씀과 연결하여 선교와 전도의 의미를 나누었습니다. 무엇보다 공교회성을 강조했고, 성도로서의 삶의 자세를 나누었습니다. 평소에는 전혀 그렇지 않은데, 그날에는 말씀을 전하면서 몇 번이나 울컥했는지 모릅니다. 한 권사님이 말씀을 들으신 후에 하신 말씀은 제게도 큰 위로가 되었습니다. "목사님, 제가 최근에 신앙적으로 침체를 겪고 있는데, 목사님 말씀을 듣고 다시 힘이 났어요. 큰 위로가 되었네요. 감사합니다."

설교가 끝나고 기도회가 진행되었습니다. 모교회 담임 목사님이 세 가지 주제를 제시하시며 기도회를 인도하셨고, 한 가지 주제가 끝날 때마다 참여하신 장로님들이 마무리 기도를 해주셨습니다. 성도님들이 눈물로 기도해 주셨고, 장로님들은 한솔교회와 저희 가정을 위해 간절히 기도해 주셨습니다.

마지막 세 번째 주제로 함께 기도하고, 마무리 기도는 아버님이 하셨습니다. 아버님은 감정을 절제하시며 기도하시다가 중간 중간 울컥하시는데, 기도를 들으며 저도 함께 눈물을 흘렸습니다. 감정을 주체할 수가 없었습니다. 기도가 끝나고 아내를 보니 아내의 눈시울도 붉어져 있었습니다. 평소에도 아버님과 어머님이 저희를 위해 기도해 주시고, 많은 사랑을 베풀어 주시는데 그 마음을 생각하니 더욱 감정이 북받쳤습니다.

기도회가 끝나고 목사님, 장인어른, 그리고 함께 오신 모든 분이 저와 아내를 꼭 안아 주셨습니다. 진심을 담아서 안아 주심을 느낄 수 있었습니다. 그리고 한솔교회를 위해 마음을 담아 연보해 주셨습니다. 담임 목사님은 저 모르게 아내 주머니에 봉투를 찔러 주시기도 했다네요. 저보다 한 살밖에 많지 않으신데, 저희를 참 많이 배려해 주십니다.

기도회가 끝나고 근처 식당에서 함께 식사를 하며 대화를 나누었습니다. 말씀의 교제와 식탁의 교제를 나누며 관계가 더욱 돈독해짐을 느꼈습니다. 식사가 끝나고 헤어지면서 성도님들은 저와 아내를 다시 한 번 꼭 안아 주시면서 힘내라고 격려해 주셨습니다. 정말 저희 부부에게 큰 힘이 되었습니다. 아내가 태어나고 자란 것을 함께 보신 어르신 성도님들이 저희를 자식처럼 생각하시며 안아 주시니 포근했습니다.

2018년에만 외부 교회에서 세 번의 방문이 있었습니다. 제가 성경을 가르치고 있는 노인 대학 교회에서, 노인 대학 교회 안의 속회에서, 그리고 그날 아내 모교회에서 방문하신 것입니다.

각 교회와 모임에서도 특별한 계획과 마음을 가지고 방문하시겠지만, 방문을 받는 한솔교회의 입장에서는 얼마나 큰 위로과 힘을 얻는지 모릅니다. 특히나 대부분의 날을 저희 가족만 모여 예배하기에 한솔교회의 존재 목적과 저의 부르심을 끊임없이 고민하는 처지에서 이러한 방문은 지나온 길에 감사하며 다시 한 걸음 내디딜 수 있는 힘

성도는 우리 가족뿐입니다

을 줍니다.

고흥에서, 그리고 이천에서 11년 넘게 목회하며 낙심하지 않고 기쁘게 목회할 수 있는 것은 사실 수많은 분의 기도와 후원 덕분입니다. 제가 여러 가지 일을 병행하는 소위 N중직자이긴 하지만, 이런 형태로 일하며 목회할 수 있는 것은 사실 수많은 분의 기도와 후원 덕분입니다. 그렇기에 나태해지려고 할 때마다 그 손길들을 기억하며 다시 마음을 다잡습니다.

아들의

위로

정말 무더운 어느 여름 토요일이었습니다. 고향에 감자를 캐러 갔을 때였는데 이날 오전에는 혼자 감자를 캤습니다. 부모님이 이모님 댁에 가서서, 저는 두 줄 남은 감자를 캐야만 했습니다. 부모님이 돌아오셔서 감자를 담으실 수 있도록요.

12시 반쯤 끝내고 이천으로 올라올 준비를 했습니다. 저는 아이들을 가르치는 일도 하고 있는데, 오후 4시에는 수업이 있어서 적어도 1시에는 출발해야 했습니다. 네비게이션에는 도착 시간이 3시 20분으로 나오는데, 올라오는 길에 정체가 풀렸는지 3시쯤 도착했습니다. 오자마자 짐을 풀고, 예배당에 가서 필요한 것들을 챙겨 여주로 향했습니다. 2시간 동안 열심히 수업을 했는데, 신기하게도 아이들을 만나는 시간에는 피곤치 않았습니다. 오히려 생기가 돌았습니다. 물론 수업을 마치고 집에 오면 피곤이 몰려오지만요.

그날 집에 와서는 아들과 함께 미용실에 갔습니다. 사실 고향에 있는 미용실에 가려고 했는데, 사장님의 개인 사정으로 미용실이 닫

성도는 우리 가족뿐입니다

혀 있었습니다. 그래서 이천에 와서 면 소재지에 있는 미용실에 갔는데, 한 군데는 사장님 사정으로 닫혀 있었고, 또 한 군데는 건물 자체가 공사 중이었습니다. 할 수 없이 다른 곳을 찾아야 했고, 남성 전문 헤어숍을 찾았는데 거기까지는 이동 시간이 꽤 걸렸습니다.

가는 길에 아들과 대화를 나누었습니다. 조부모님 댁에서 농사를 도운 일과 관련하여 아들에게 나중에 농부가 되면 어떻겠느냐고 물었는데, 아들은 아직 모르겠다고 했습니다. 그래서 아빠처럼 목사가 되면 어떻겠느냐고 물으니, 이 역시 모르겠다고 했습니다. 그래서 제가 다시 물었습니다.

아빠: 아들아, 아들이 보기에 목사는 뭐하는 사람 같아?

아들: 음 …… 하나님에 대해 설교하는 사람 같아.

아빠: 그리고 또?

아들: 음 …… 성경을 널리 알리려는 사람 같아.

아빠: 그래? 또 뭐하는 사람 같아?

아들: 다른 건 모르겠어.

그 대답을 들으면서 아들에게 참 고마웠습니다. 아들이 경험한 목사는 저밖에 없는 것이나 마찬가지인데, 저를 그런 일을 하는 사람으로 본 것이니까요.

　미용실에서 나와 아내의 부탁으로 마트에 들러 아이들 저녁거리를 샀습니다. 아이들이 최고로 좋아하는 떡볶이와 순대, 어묵을 샀습니다. 다른 것들도 사려고 했지만, 토요일이라 그런지 델리 코너에 남은 식품들이 거의 없었습니다.

　장을 보는 동안 아들은 차에서 혼자 대기해야 했습니다. 이 시기에 아들은 집 밖에서 음식을 먹지 못했고, 음식 냄새도 잘 못 맡았거든요. 마트에 들어가면 토할 것 같다고 해서 할 수 없이 차에서 대기시켰습니다. 그런데 신기한 것은 그 음식을 집에서는 잘 먹는다는 것입니다.

　아들이 있어 참 든든합니다. 누나와 여동생 사이에서 늘 배려하

　성도는 우리 가족뿐입니다

고, 엄마의 마음을 헤아릴 줄 알고, 제가 피곤할 때마다 밟으며 마사지를 해줍니다. 어린 시절 저를 보는 듯한 느낌이 들어 더 마음이 쓰입니다. 지금 마음으로는 아들이 저를 따라 목회자의 길을 가길 바라지만, 그 또한 제 바람일 뿐이지요. 하지만 그런 것을 떠나서 아들이 건강하게 자라고, 행복하게 지내면 좋겠습니다.

부산에
가다

2022년 7월 어느 날, 눈떠 보니 해운대 앞바다와 광안 대교가 펼쳐져 있었습니다. 전날 밤 10시가 다 되어 숙소에 들어오는 바람에 이런 풍경이 보이는지도 몰랐는데, 저를 초청해 주신 교회에서 오션뷰 숙소를 잡아 주신 덕에 이런 호사를 누렸습니다. 이미 전날 밤에 야경을 즐긴 아내와 아이들은 아침에도 경치를 즐기고 있었습니다.

아침은 근처 편의점에서 사온 빵으로 해결하고, 부산한우리교회로 향했습니다. 20여 분 걸려 교회에 도착하니 목사님과 장로님이 성도들을 맞이하고 계셨습니다. 주차를 하고 저희 가족도 인사를 한 후 목양실로 향했습니다. 목양실 옆 공간에서 흘러나오는 찬양 연습 소리와 예배당 주변으로 성도님들이 분주하게 움직이는 소리에 활기를 느낄 수 있었습니다.

부산한우리교회는 27년 된 교회인데, 담임 목사님이 그곳에서 25년을 시무했다고 하셨습니다. 그런 담임 목사님이 타교단 목사님을 초청한 적이 처음이라고 하셔서 놀라기도 하고, 감사하기도 했습니다.

성도는 우리 가족뿐입니다

시간이 되어 예배당으로 들어가니 100명 조금 안 되는 회중이 앉아 계셨습니다. 담임 목사님의 안내에 따라 강단 옆 의자에 앉아 예전에 따라 예배를 드렸습니다. 오랜 훈련의 결과인지 예전은 아주 물 흐르듯이 질서 있게 진행되었는데, 그 덕분에 마음이 차분해지고 예배에 더욱 집중할 수 있었습니다.

제게 있어 그날의 하이라이트는 '특송'이었습니다. 그날의 주일 예배는 남전도회 헌신 예배로 드렸는데, 제2남전도회는 '특송'으로, 제1남전도회는 '봉헌송'으로 섬기셨습니다. 어떤 찬송인지 모른 채 가사를 듣는데(나중에 알고 보니 '은혜'라는 찬양이었습니다), 그 가사에 가슴 깊은 곳에서부터 울컥한 감정이 올라왔습니다. 마치 제가 전할 말씀을 이미 아는 것처럼 '은혜'라는 단어가 계속 나오는데, 그날의 찬송이 마음 깊이 다가왔습니다.

설교 시간에는 제 삶 이야기를 전했는데, 무엇보다 제가 이렇게 살아가는 이유가 된 말씀에 대해 전했습니다. 한솔교회에서는 제 개인 이야기를 전혀 하지 않다가 밖에 나오면 아주 가끔 하게 되는데, 그날따라 아내와 아이들이 회중석에 앉아 있으니 뭐라 설명할 수 없는 감정이 느껴졌습니다. 아내는 나중에 이렇게 이야기하더라고요.

"여보, 시간이 지날수록 내가 모르는 이야기가 나오네."

예배가 끝나고 입구에서 성도들에게 인사를 하는데, 젊은 목회자를 말로, 눈빛으로, 몸짓으로 격려해 주셨습니다. 사실 목회를 시작하고 그날이 가장 많은 회중 앞에서 설교한 날이었습니다. 그래서 그런지 말씀과 눈빛 하나하나에 큰 위로가 되었습니다.

그때를 돌아보면 지금 생각해도 몹시 감사할 뿐입니다. 장로교단 교회에서 감리교단 목회자를 설교자로 초청해 주시고, 그것도 주일 오후 예배나 수요 또는 금요기도회도 아닌 주일 오전 11시 예배를 맡겨 주시는 것은 흔한 일이 아닙니다. 또한 저를 부르시려고 일부러 헌신 예배까지 계획하셨다는 것을 생각하니 너무 감사할 따름입니다. 하나님이 그 교회를 통해 저를 위로하신 것처럼 느껴졌습니다.

성도는 우리 가족뿐입니다

잃는 것이 있으면
얻는 것도 있다

2008년 10월 말쯤이었습니다. 제가 결혼한 지 1년 조금 지났을 무렵, 청천벽력 같은 소식이 들렸습니다. 머지않아 그 소식은 뉴스에도 등장하고 전국을 떠들썩하게 만들었습니다.

아내와 연애 당시 어머님은 한 업체에서 일하고 계셨습니다. 지금은 오래되어 그 업체 이름은 기억나지 않습니다. 아버님은 수협 임원으로 어떤 사고를 책임지시느라 명예퇴직을 하신 후 오랫동안 쉬고 계셨고요.

연애 당시에는 어머님이 하시는 일이 정확히 무엇인지 몰랐습니다. 나중에 알게 되었지만, 그 일은 이런 시스템이었습니다. 한 구좌당 440만 원을 투자하면, 그 투자금으로 영업을 해서 찜질방이나 대중목욕탕 등에 안마기, 승마 운동기 등을 설치하여 거기서 나오는 수익을 매일 얼마씩 통장에 입금해 주는 것입니다.

그때 어머님은 3년 정도 그 일을 하시는 중이었고, 아버님은 어머님이 하시는 일을 지켜만 보고 계셨습니다. 아버님은 처음에 어머님이 하시는 일을 반대하셨는데, 3년 동안 지켜보시고는 괜찮다고 생각하신 것 같습니다. 아버님이 이렇게 말씀하신 기억이 납니다.

"그 일을 하는 것을 오랫동안 지켜보니까 괜찮은 것 같아. 다만, 창업주가 이 돈을 갖고 튀지만 않는다면 말이야."

그 후 아버님도 어머님과 함께 그 일을 시작하셨습니다. 저는 그 무렵 결혼을 했고요. 그런데 두 분이 하시는 일을 보며 뭔지 모를 불안감이 생겼습니다. 하지만 저는 지켜볼 뿐이었지요.

몇 개월 뒤 아버님을 돕는다고 저도 그 업체에 얼마를 투자했습니다. 아버님이 일을 시작하신 지 얼마 되지 않았기에 승진을 위해서는 투자자가 필요하기도 했고, 당시 얼마 되지 않는 사례로 생계를 꾸려야 했기에 저도 매일 들어오는 수익이 필요했습니다. 그러다 저희 부모님도 얼마를 투자하셨습니다. 저희 아버지는 내심 반대하셨지만요. 그럼에도 불안감은 여전히 남아 있었습니다.

하지만 매일 통장에 찍히는 수익을 보고 점점 안심할 수 있었습니다. 처음에 약속한 대로 통장에 돈이 들어왔고, 어머님이 오랫동안 그 일을 하셨을 뿐 아니라, 그렇게 꼼꼼하신 아버님도 그 일을 더욱 열심히 하시니 불안감은 신뢰로 바뀌었습니다.

그런데 2008년 10월, 예상치 못한 때에 그 불안감은 현실이 되었습니다. 오랫동안 지켜보시며 단 한 가지 경우만 아니면 된다고 말씀하신 아버님의 그 우려는 현실이 되었습니다. 그 일의 창업주 '조○○'

성도는 우리 가족뿐입니다

가 그 돈을 갖고 도망간 것입니다. 인천, 대구, 서산을 중심으로 엄청 많은 피해자가 속출했고, 피해 금액만 4조 원대였습니다.

어느 날 통장에 돈이 찍히지 않았을 때 이상하다 생각했는데, 역시나 사기였습니다. 그 소식을 듣고 뒤에 벌어질 일들이 걱정되었습니다. 아버님과 어머님이 그 소식을 듣고 얼마나 충격받으셨을지, 추후에 아시게 될 저희 아버지와 어머니는 어떤 반응을 보이실지 등 머릿속이 복잡해졌습니다.

그 상황에서 제가 가장 먼저 선택한 것은 예배였습니다. 아내와 함께 가정 예배를 드리면서 우리의 탐욕을 회개했습니다. 그것이 욕심인 것처럼 느껴졌을 때 바로 멈춰야 했는데, 그러지 못했음을 회개했습니다. 그리고 저와 아내가 중심을 잡고, 양가 부모님을 잘 추스르자고 마음먹었습니다.

그러나 저와 아내의 의지와는 달리 양가 집안의 관계가 경색되었습니다. 조금만 삐걱하면 연을 끊을 것처럼 언제 어떻게 위기가 닥쳐올지 몰랐습니다. 하지만 저와 아내가 한마음으로 양가 부모님을 중재하고, 든든히 서서 양가 부모님에게 신뢰를 드렸습니다.

시간이 지나 제 부모님도 아버님, 어머님을 이해해 주셨습니다. 아버님, 어머님도 사기를 당하신 것이고, 악의가 없었으며, 어떤 마음으로 투자를 권했는지 아시기에 관계는 회복되었습니다. 부모님은 농사 지으신 것을 처가에 보내시고, 아버님, 어머님도 명절 때마다 선물을 보내실 만큼 지금은 잘 지내고 계십니다.

하지만 사고의 후유증은 여전히 크게 남아 있습니다. 그 사기 사건의 대가는 매우 컸습니다. 그 일로 아버님과 어머님은 사시던 아파트를 파셨고, 지금은 허름한 주택에 거주하고 계십니다. 또한 장인어른은 10년째 경비 일을 하고 계시고, 장모님은 몸이 불편하신데도 장애 아동 보조 일을 하고 계십니다. 그 모습을 볼 때마다 얼마나 마음이 무거운지 모릅니다.

그럼에도 그 과정에서 알게 된 것이 있습니다. 아버님과 어머님이 어떻게 살아오셨는지, 그것을 주변인들이 어떻게 바라보고 있는지. 그래서 아버님과 어머님을 더욱 존경하게 되었습니다. 그리고 이런 사건이 벌어졌을 때, 원인을 파악하는 것도 중요하지만 사람을 탓하기보다는 사람을 놓치지 않고 수습하는 것이 더 중요하다는 것을 알았습니다. 선한 의도로 선택하고, 바른 가치를 추구한다고 해도 결과가 언제나 바라는 대로만 흘러가지 않는 것이 인생임을 배우고 있습니다. 시간이 지나고 보니 '선한 의도와 바른 가치'라는 단어 아래 자신의 욕망을 숨길 수 있음도 알게 되었습니다.

더욱 감사한 것은 감당하기 힘든 사건들을 경험하며 우리의 탐욕이 드러났다는 점입니다. 그때는 힘들었지만, 물론 지금도 힘들지만, 잘못된 선택이 초래한 고단한 현실을 감내하며 하나님을 더욱 사랑하게 되고, 우리가 추구해야 할 삶이 무엇인지 더욱 분명히 알게 되

성도는 우리 가족뿐입니다

니 정말 감사할 따름입니다. 또한 고단한 현실을 마음 모아 함께 감당하는 가족이 있으니 감사할 따름입니다. 물론 앞으로도 고단한 현실은 이어질 것이지만, 그 현실이 우리를 삼키지 않도록 부단히 마음을 지켜 나가려 합니다.

그렇게
기억되고 싶습니다

아직 젊은데, 애늙은이가 된 것 같은 느낌이 들 때가 있습니다. 시간이 짧게 느껴지고요. 최근 이태원에서 국가적 재난이 발생하고, 지인들의 양가 부모님, 또는 지인들의 죽음을 접하면서 이제는 지금 누리고 있는 이 일상을 내일도 당연히 누릴 거라 생각하지 않습니다. 그리고 부모님이나 친지들, 우리 가족에게도 불현듯 질병이나 죽음이 찾아올지 모른다는 생각도 듭니다.

한때 모든 일이 잘 풀리는 것처럼 보였지만, 어느 순간 매일 고통을 마주하고 있는 지인들도 있고, 죽음을 마주하고 있는 분들도 있으며, 전혀 예상치 못한 일에 휘말려 괴로워하는 분들도 있습니다. 모든 일이 하나님의 섭리 안에 있다고 고백하지만, 때로는 인간의 언어로 설명할 수 없는 일들 앞에 마음이 무너지기도 하고, 원망이 들기도 합니다. 그런 현실 앞에서 아무것도 할 수 없어 절망하기도 하고요.

나이가 들면 전도서 말씀이 새롭게 느껴진다고 하던데, 얼마 전 한 형님이 페이스북에 올리신 전도서 말씀 나눔을 볼 때마다 매우 공

성도는 우리 가족뿐입니다

감이 되었습니다.

요즘 들어 양가 부모님 얼굴을 뵙거나, 아이들을 바라볼 때, 가슴 한편이 아련해질 때가 많습니다. 자주 울컥합니다. 〈응답하라 1988〉(tvN)이라는 드라마를 보는데, 한 편당 평균 4-5번은 울었던 것 같습니다. 그래서 그런지 지인이나 페친들의 안타까운 소식, 특히 그들의 부모님이나 자녀들에 관한 소식을 들을 때면 남 일 같지 않고 함께 기도하게 됩니다.

어렵겠지만 저는 가능하면 싸우지 않고 주변 분들과 화목하게 지내고 싶습니다. 사랑하는 마음, 따뜻한 마음을 주고받으며 살기에도 인생이 짧은데, 얼굴 붉히며 살고 싶지 않습니다. 또한 이해할 수 없는 일들 앞에서는 설명하려 들지 않고 함께 웃고 함께 울어 주는 사람이 되고 싶습니다. 제 안에 설명충이 살고 있지만, 구충제라도 먹어서 없앨 수 있다면 그렇게 하고 싶습니다. 제가 알아 봐야 얼마나 알겠습니까.

하나님이 부르시는 그날까지 주어진 하루하루를 감사하며 살 수 있기를 바랄 뿐입니다. 아내와 아이들에게도 그렇게 살아간 남편으로, 아빠로 기억되고 싶습니다. 하나님에게는 "잘했다. 충성된 종아"라는 말씀을 듣고 싶습니다. 물론 그럴 자격이 없는 것도 알지만 말입니다. 어쨌든 주위의 모든 분이 행복하면 좋겠습니다.

PART 6

저는
N잡러 목사입니다

피할 수 없으면
즐겨라

2016년 1월 14일, 제31회 총회 임시입법의회에서 미자립 교회(당시 결산 3,500만 원 미만 교회)에 한해 이중직을 허용하기로 결의했습니다. 기존에는 이중 직업을 가진 목회자에 대해 불성실한 교역자로 규정했는데, 미자립 교회 담임자의 경우에는 예외를 허용하기로 한 것입니다. 다만, 미자립 교회 담임자가 이중 직업을 가지려 할 때는 해당 연회 감독에게 이중 직업과 관련한 제반 사항 등을 서면으로 신청해서 허락받는 조건을 세웠습니다.

당시 저는 이 법이 실효성이 없을 거라고 생각했습니다. 이미 현장에서는 일하는 목회자가 너무나 많았기 때문입니다. 저 또한 당시에 다른 일을 하고 있었고요. 그리고 1년 뒤 이와 관련하여 교단 내에서 실태 조사를 했는데, 역시나 이중직을 가지고 있다고 신청한 목회자는 한 명도 없다는 소식이 들려왔습니다. 신청한다고 해서 불성실한 교역자로 처벌받지는 않겠지만, 누가 본인들의 어려운 사정까지 보고하며 그렇게 하겠습니까. 이미 일하는 목회자로 살아가고 있는데

성도는 우리 가족뿐입니다

말입니다.

저는 이 법이 오히려 교단에서 목회자를 책임지지 않겠다는 의미로 느껴졌습니다. 교단이 이중직 금지라는 법안을 그대로 유지했어야 한다고 생각합니다. 다만, 목회자들이 일할 수밖에 없는 현실을 공감하면서 어떻게 하면 그들이 다른 일을 하지 않으면서도, 아니면 최소한의 일을 하면서도 목회를 더 열심히 하도록 할 수 있을까를 연구해야 한다고 생각합니다. 저는 제가 속한 교단이 의지만 있으면 목회자들이 목회에 전념할 수 있도록 최저 생계비 관련 입법을 할 수 있고, 그에 따라 최저 생계비 전부는 아니더라도 일부는 지급할 수 있다고 생각합니다. 그러면 목회자들도 교단이 책임지려 한다는 생각에, 최선을 다해 목회에 전념할 수 있는 방법을 찾을 것이라 생각합니다.

하지만 제가 속한 교단은 제가 느끼기에 손쉬운 방법을 선택했습니다. 이중직 허용이 시대적 흐름이라는 명분을 내세워 선도적으로 대처하는 교단이라는 이미지를 세우고, 실질적 책임은 감당하지 않는 방법입니다.

아마 대부분의 일하는 목회자가 교회에서 주는 생활비를 받으며 목회에 전념하고 싶을 것입니다. 말씀을 연구하고 가르치는 일, 설교하는 일, 성도들을 돌아보는 일에 전념하고 싶을 것입니다. 하지만 생계를 유지해야 하고, 아이들이 커 가기에 어쩔 수 없이 일을 하고 있을 것입니다. 물론 자비량 목회를 사명으로 생각해서 그리하시는 분들도 계시겠지만 말입니다.

저는 이른바 'N잡러'입니다. 목회자가 되었는데, 성도는 저희 가족만 있는 교회의 담임이다 보니 목회를 지속하고 생계를 유지하기 위해 여러 가지 아르바이트를 병행하고 있습니다. 한때 실천신학대학원의 총장님 수행을 했고, 책 판매 아르바이트, 한 달에 한두 번 있는 시험 감독관 아르바이트, 그리고 틈틈이 들어오는 다양한 아르바이트를 했습니다. 지금은 고정적으로 중고등학생 영어를 가르치고 있습니다. 또 출판사의 외주 편집, 노인 대학 강사, 한 달에 한 번 하다 지금은 두 달에 한 번 하는 책 포장 아르바이트, 그리고 농산물 중개를 하고 있습니다(이 중에서 농산물 중개는 무급입니다).

그런데 어느 날 새벽, 문득 그런 생각이 들었습니다. '여러 가지 일을 하는데, 뭐 하나 잘하는 것이 없는 것 같다.' 나름 모든 일에 최선을 다하기는 하는데, 뭔가 아쉬움이 느껴졌습니다. 무엇보다 본캐릭터(개인적으로는 목회자)의 역할을 잘 못하는 것 같다는 생각이 들었습니다.

본캐릭터 역할을 잘하기 위해 다른 여러 일을 하고 있는데, 정작 본캐릭터에 집중하기 어려운 현실에 부딪힙니다. 그리고 체력의 한계 때문에 설교 준비에 어려움이 있고, 성경 연구 시간이 줄어듭니다. 물론 언제든 본캐릭터를 그만둘 수 있다고 생각하고는 있지만, 개인적으로는 끝까지 완수하고 싶은 마음이 있어 아쉬움이 드나 봅니다.

성도는 우리 가족뿐입니다

그럼에도 이렇게라도 살 수 있음에 감사하고 있습니다. 아르바이트 형태의 다른 여러 일을 하기에 본캐릭터 역할도 부족하게나마 감당할 수 있는 것이니까요. 그리고 다른 여러 일이 주어진 것도, 이렇게 아이들을 키울 수 있는 것도 감사하고요.

아마 앞으로도 꽤 오랜 시간을 지금처럼 살지 않을까 싶습니다. 아르바이트 종류는 바뀔 수도 있고요. 다만, 본캐릭터에 조금 더 집중할 수 있는 여건이 마련되면 좋겠다는 생각이 듭니다. 말씀을 연구하고 가르치고 설교하는 일과 성도들의 삶을 돌보는 일에 전념할 수 있기를 소망해 봅니다. 하지만 그렇지 않다 하더라도 주어진 현실 안에서 기쁘게 살 것입니다. 피할 수 없다면 즐기는 수밖에요.

"민철 오빠

소질 있는데요?"

페이스북에서 만나 친형제처럼 지내는 형님이 계십니다. 그 형님은 현재 출판사를 운영하십니다. 저는 그 출판사의 외주 편집 일을 하고 있습니다. 그런데 저는 편집과 관련하여 전혀 배운 바가 없는데 말이지요.

이 역사는 이렇게 시작되었습니다. 형님이 출판사를 시작하기 전이었습니다. 저와 형님, 그리고 또 다른 형과 누나는 야구를 좋아합니다. 페이스북을 통해 매우 친해진 사이인데, 어느 날 야구 이야기를 하려고 네 명이 단톡방을 만들었습니다. 그런데 두 형님은 아이폰 유저였고, 누나와 저는 안드로이드폰 유저였습니다. 어느 날 누나가 아이폰으로 바꾸었고, 그날부터 두 형님과 누나는 저를 놀리기 시작했습니다. 어떻게 그 폰을 안 바꾸고 계속 쓸 수 있냐고요. 그리고 특히 형님(현재 출판사 대표이신)은 제가 문자를 너무 촐싹거리며 입력한다고 놀렸습니다.

그런데 형님은 메시지나 댓글을 쓰시면서 엄청 자주 오타를 내셨습니다. 그래서 저는 형님이 저를 놀릴 때마다 반격한다면서 자칭 '맞춤법 교정 위원장'으로서 오타와 띄어쓰기를 교정했습니다. 물론 전부 웃으면서 장난으로 하던 것이었습니다.

그러던 중 형님이 출판사를 시작하셨고, 어느 날 갑자기 저에게 교정을 해 보지 않겠느냐며 제안하셨습니다. 때마침 저는 아르바이트를 구해야 했기에 감사한 마음으로 그 제안을 받아들였습니다. 그렇게 뭔지도 모르고 첫 교정을 보게 되었습니다. 하지만 처음이기에 제게 소질이 있는지 검증을 받아야 했습니다.

저에게는 전문 편집자로 일하는 대학 1년 직속 후배가 있습니다. 대학생 때는 어느 정도 가깝게 지냈지만 제가 학교생활을 등한시하면서 그 후배와의 인연도 멀어졌습니다. 2013년 5월 어느 날, 그 후배가 페이스북 친구 신청을 했습니다. 저는 그때까지만 해도 그 후배 소식을 전혀 몰랐는데, 후배는 제 동기들을 통해 제 소식을 들었다며 친구 신청을 한 것이었습니다. 그 후배는 본인이 기독 출판사에서 일한다고 말해 주었고, 얼마 지나지 않아 종종 만나며 교제의 시간을 갖게 되었습니다.

그런데 바로 그 후배가 제 첫 연습 교정지를 검증해 주게 되었습니다. 당시 그 후배는 출판사 형님과도 인연이 있어, 형님이 그 후배에게 제 교정지를 검토해 달라고 부탁하신 것입니다. 이렇게 연결이 될 줄이야!

저는 제가 아는 한도 내에서 수정을 했습니다. 첫 교정을 시작할 때만 해도 저는 단지 오타와 맞춤법 교정만 하면 되는 줄 알았는데, 그게 아니었습니다. 어쨌든 나름 열심히 한다고 했는데, 역시 '나름'이었나 봅니다. 제 교정지는 전문 편집자인 후배로부터 빨간펜 지도를 제대로 받게 되었습니다. 그럼에도 그 후배는 형님에게 이렇게 말했답니다.

"민철 오빠 소질이 있는데요?"

그 한마디에 저는 무사히 검증을 통과했고, 첫 책을 작업할 수 있게 되었습니다.

두 번째 교정 원고는 원고를 검토하다가 어쩌다 전부 읽게 된 원고였습니다. 원고 검토 끝에 출간하기로 결정되었고, 전체 원고를 다 읽어 본 것이 계기가 되어 제가 맡게 되었습니다. 이 책은 성경 신학을 다룬 책이다 보니 성경 인용도 많고, 각주와 참고 문헌도 많았습니다. 역시 전문적으로 배우지 않았기에, 특히 각주와 참고 문헌을 어떻게 표기해야 하는지 거의 모르는 상태였습니다. 그래서 그동안 책에서 봤던 경험과 인터넷 검색을 통해 '나름' 열심히 교정을 마쳤습니다. 그러나 역시 이번에도 제 교정지는 다른 출판사 대표이자 전문 편집자로부터 빨간펜 지도를 제대로 받았습니다. 각주와 참고 문헌 때문에 그분이 엄청 고생하셨다는 후문을 들었습니다.

그 두 번의 경험은 세 번째 교정 작업에 큰 도움이 되었지만, 세

번째 책은 역사를 다루고 있어서 또 다른 고충이 있었습니다. 당시 이 고충에 대해 편집을 하고 있는 지인 몇 분에게 말씀드렸더니 다들 웃으시면서 격려와 함께 깊이 공감해 주시더라고요.

그렇게 저는 본격적인 외주 편집인의 길로 들어섰습니다. 그 후로도 다양한 분야의 책 교정 작업을 하며 배웠고, 지금도 배우고 있습니다. 작업할 때면 제 옆에는 늘 「열린책들 편집 매뉴얼」(열린책들), 인덱스가 잘 되어 있는 두꺼운 책 한 권이 있고, 컴퓨터 화면에는 네이버 사전, 구글, 국립국어원 외래어 표기법 용례 찾기 사이트가 켜져 있습니다.

생각지도 못한 계기로 편집 아르바이트를 하게 되었는데, 알아갈수록 모르는 것이 아직도 많다는 것을 배우게 됩니다. 그런데 신기한 것은 이 일이 정말 재밌다는 것입니다. 돈만 보고 했다면 진즉에 그만두었을지 모르는데, 지금까지 하고 있는 것을 보면 정말 좋아하나 봅니다. 그리고 이 일을 하면서 제가 꼼꼼하다는 사실도 알게 되었습니다. 그러다 보니 어느덧 스무 권 넘게 작업을 했습니다. 사람 일은 참 알 수가 없는 것 같습니다.

성도는 우리 가족뿐입니다

민철 상회

대표

저는 '민철 상회' 대표입니다. 사실 권리는 하나도 없고 의무만 있는 대표입니다. 소농인 부모님의 농산물을 소개해서 알음알음 팔고, 부모님이 농사 지으시며 일손이 필요할 때 가서 도와드리고 있습니다. 민철 상회 대표로는 수입이 없습니다. 그럼에도 부모님의 은혜를 생각하면 중개를 하여 농산물을 열심히 팔아 드려야 합니다.

'민철 상회'라는 이름을 쓴 것은 몇 년 안 되지만, 부모님 농산물을 중개한 지는 20년이 넘었습니다. 회심 전 20대 중반에 영업 일을 할 때, 고객들에게 선물로 농산물을 드리기 시작했고, 일부는 판매했습니다. 처음에는 감자만 판매했는데, 2014년부터 품목을 늘렸습니다. 아버지가 2009년 철강 회사 생산직에서 은퇴하시면서 경작 면적을 늘리셨는데, 소농이다 보니 농산물을 열심히 생산하서도 판로 탓에 인건비도 제대로 못 건지는 일이 다반사였습니다.

쌀은 수확해서 바로 정미소로 보냈는데, 소량이다 보니 도정 시기가 계속 미뤄지고, 그러다 보니 가격은 계속 떨어졌습니다. 이런 상황이 매년 반복되니, 아버지는 제게 쌀도 팔라고 말씀하셨습니다.

밭농사 작물은 민철 상회로 직거래하지 않으면 농산물 차를 이용하는 것이 유일한 판로입니다. 수확 철이 되면 마을에 매일 농산물 차가 다니면서 각 농가가 수확한 것들을 차에 싣고 인천 농산물 도매 시장이나 가락 시장으로 간 후 경매를 받습니다. 그러면 경매 가격에서 박스당 운임과 수수료를 뗀 후 기등록된 농민의 통장으로 입금이 됩니다. 농산물 가격은 매일 변동되고, 해마다 다른데 농산물 경매 가격이 낮을 경우에는 정말 인건비도 못 건지는 상황이 발생합니다. 가끔 뉴스를 보면 농작물을 갈아엎는 경우가 있는데, 수확 비용이 갈아엎는 비용보다 높기 때문입니다.

부모님이 어떻게 농사 지으시는지 알기에 그냥 두고 볼 수가 없었습니다. 관행농이지만, 기본적으로는 저희가 먹을 것을 생산하시기에 최대한 건강한 방식으로 농사 지으려 하시고, 어떻게 하면 품질 좋게 생산할지를 연구하십니다. 그리고 특별한 경우가 아니면, 거의 모든 일을 두 분이 직접 하십니다. 제가 가끔 도우러 가지만, 두 분이 하시는 일에 비하면 그것은 정말 새 발의 피입니다.

20년 넘게 농산물을 판매하면서 별의별 일을 다 겪었습니다. 농산물은 공산품과 다르게 날씨나 품종, 시기 등 여러 변수에 따라 맛과 크기 등에 막대한 영향을 받기에 늘 동일한 품질을 생산하는 것이 쉽지 않습니다. 그래서 품질과 관련한 불만 신고를 받을 때도 있습니다.

이렇게 가끔 들어오는 불만 신고에 대처하는 것도 시간과 비용, 노력이 들어가는데, 제게는 이런 일들이 큰 경험이 되었고, 그 경험을 통해 많이 배우게 되었습니다. 그중에서도 '민철 상회'를 운영하면서 새삼 배우게 되는 가치는 '신뢰'입니다. 신뢰는 쌓기는 어려워도 무너지는 것은 쉽다는 것을, 그래서 늘 한결같은 마음으로 고객을 대해야 한다는 것을 배웁니다.

이 신뢰를 유지하기 위해 '민철 상회'에서는 주로 제 부모님이 농사 지으신 것만 판매합니다. 거기에 더하여 이모님이 농사 지으신 고구마를 판매하고 있습니다. 한때 이모님이 농사 지으신 양파와 고모님이 곤지암 근처 산에서 채취하신 도토리 가루를 팔기도 했습니다만, 제 이름을 걸고 판매하기에 부모님, 친지와 관련된 농산물이 아니면 판매하지 않습니다. 예전에 고객의 요청으로 다른 분의 농산물을 대신 판매해 드렸다가 문제가 된 적이 있었거든요.

참 쉽지 않습니다. '민철 상회'를 아주 오랜 시간 꾸준히 이용해 주시는 분도 계시지만, 떠나시는 분도 있습니다. 물론 소비자는 가격과 품질에 민감하고, 판매자의 입장과 다르다는 것을 너무나 잘 알기에 이 상황을 충분히 이해합니다. 저도 그러니까요. 그럼에도 부모님과 저는 최선을 다할 뿐입니다. 사실 그 마음을 담아 제 이름을 걸고 농산물을 팔고 있습니다.

농산물을 구입하신 분들이 페이스북 댓글로, 문자로, 카톡으로 너무 맛있다는 후기를 남겨 주시는데, 그 후기 덕분에 힘을 내서 '민철 상회'를 운영합니다. 감자 캐느라, 쌀농사 짓느라, 강낭콩 따느라 힘들지만 그 힘듦이 고객 분들의 후기 덕분에 싹 날아갑니다.

'민철 상회'는 언제 문을 닫을지 모릅니다. 부모님 건강이 안 좋아지셔서 농사를 지으실 수 없으면 문을 닫게 되겠지요. 부모님의 농산물을 파는 것이 '민철 상회'의 기본이니까요. 언제 문 닫을지 모르지만, 그때까지 한결같이 운영하겠습니다. '민철 상회'가 존재하는 것은 전부 믿고 구입해 주신 고객들 덕분입니다.

성도는 우리 가족뿐입니다

아르바이트
초대장

7년 전이었습니다. 한 출판사 대표님이 페북에 올린 아르바이트 공고를 보았습니다. 책 포장 아르바이트를 구한다는 내용이었습니다. 시간은 오후 1시부터 5시까지, 시급은 8,000원이었습니다. 문제는 선착순이어서 그 글을 제때 보지 못하면 놓친다는 것입니다. 그러다 선착순으로 댓글을 달아 첫 아르바이트를 하게 되었습니다. 처음이라 조금 서툴렀지만, 금세 적응이 되었습니다.

그렇게 첫 아르바이트를 마치고, 다음 기회를 기다렸습니다. 하지만 선착순이라 번번이 놓쳤고, 얼마 뒤 두 번째 기회를 얻게 되었습니다. 이 일은 선착순이었기에 아르바이트를 갈 때마다 함께하는 멤버들이 달랐고, 하는 일이 바뀌곤 했습니다. 책 나르는 일, 박스 포장하는 일, 에어캡(일명 뽁뽁이) 포장하는 일, 에어캡으로 포장한 책을 박스에 담아 마감 포장하는 일, 포장된 책을 밖으로 옮겨 쌓아 놓는 일 등으로 나뉘는데, 두 번째 아르바이트를 갔을 때 마감 포장을 하고 밖으로 옮겨 놓는 일을 자발적으로 맡았습니다. 가장 손이 많이 가는 일처럼 보여서 제가 해야겠다는 생각이 들었거든요. 그 후에 또 아르바이트를 가게 되었을 때 아예 그 일을 제가 맡아서 열심히 했습니다.

그러던 어느 날, 포장 아르바이트를 담당하는 분에게서 연락이 왔습니다.

"[아르바이트 초대장] 다음 달 30일 화요일 오후 1-5시, 8월 도서 포장 아르바이트입니다. 초대에 응하시겠습니까?"

그 연락을 받고 얼마나 기뻤는지 모릅니다. 그동안 제가 일하는 것을 눈여겨보시고 연락을 주신 것 같았습니다. 정말 최선을 다해 일했거든요. 하지만 아쉽게도 그날은 선약이 있었기에 갈 수가 없었습니다. 그러나 그것이 계기가 되어 그 다음 달부터는 고정으로 아르바이트를 할 수 있게 되었습니다.

한번은 이런 일이 있었습니다. 고정으로 아르바이트를 시작하고 나서는 한 번도 빠진 적이 없었는데, 일정 조절을 못해서 딱 한 번 빠지게 된 적이 있습니다. 발송 개수가 늘어 갈 때였는데, 아르바이트를 가지 못해서 과연 그 물량을 시간 안에 끝낼 수 있을까 걱정이 들었습니다. 아니나 다를까 그날 저녁 출판사 직원분의 SNS 글을 보게 되었는데, 그날 발송 아르바이트를 시간 안에 끝내지 못해서 직원들도 긴급 투입돼서 발송 업무를 할 수밖에 없었고, 아르바이트에 못 온 목사님(저)의 존재가 크다는 사실을 알게 되었다는 내용이었습니다. 그 글을 보는데, 가지 못한 것이 죄송하기도 했고, 한편으로는 그간 열심히 했던 것을 인정받는 것 같아 기분이 좋기도 했습니다.

사실 매달 가서 아르바이트하는 것이 부담스럽기도 했습니다. 4시간 아르바이트하면 32,000원을 버는데, 이천에서 서울까지 오고가는 교통비는 1만 원이 넘고, 대중교통으로 이동했으니 왕복 5시간이 넘게 걸렸습니다. 그럼에도 아르바이트하러 가는 날을 사람들을 만나는 기회로 활용하며 즐겁게 일했습니다. 아마 이것저것을 따졌으면 중간에 아르바이트를 그만두었을지 모릅니다.

그렇게 열심히 하다 보니 그 일을 담당하는 분이 바뀌었음에도 저는 지금까지도 계속 그 일을 하고 있습니다. 이제는 저를 '작업반장'으로 불러 주시고, 포장 아르바이트와 관련하여 제 의견을 구하기도 하고, 제가 제안한 의견을 반영해 주기도 하십니다. 비록 한 달에 한 번 하는 아르바이트지만, 어떻게 하면 더 잘할 수 있을까 고민하며 성실하게 그 일에 참여했습니다. 3년 전부터는 아내도 저와 함께하고 있습니다. 이제 아내도 그 아르바이트에 없어서는 안 될 정도로 중요한 멤버가 되었네요.

부부
어벤져스

오전 6시 30분 기상. 아내는 더 일찍 일어나서 아이들 등교를 준비하고, 아이들이 해야 할 일을 메모한 후에 아이들을 깨웠습니다. 전날 저녁에 사 온 햄버거로 아침을 먹이고요.

오전 7시 10분. 아내와 함께 서울로 출발했습니다. 아내와 아르바이트를 하는 날인데, 이번부터는 다른 분이 하던 작업까지 하게 되어 지난번보다 일찍 출발했습니다.

오전 9시에 아르바이트 장소에 도착해서 간단하게 세팅하고 아내와 바로 일을 시작했습니다. 발송할 책을 포장할 에어캡을 자르는 일이었습니다. 책 크기에 맞춰 에어캡 길이를 재고, 기계처럼 아내와 함께 자르기 시작했습니다. 저는 에어캡을 잡고, 아내는 가위로 자르고, 어느 정도 자르면 저는 미리 준비된 공간에 쌓아 두는 일입니다. 책 더미 두 개를 기준 삼아 자르는데, 그날따라 에어캡 롤이 이상하게 풀려 작업에 어려움이 있었습니다. 그때 아내가 가이드용 책 더미를 하나 더 놓자고 하여 바로 실행에 옮겼더니, 속도가 확실히 빨라졌습

성도는 우리 가족뿐입니다

니다. 어떻게 하면 일을 더 잘할 수 있을까 함께 연구하다 보니 나온 결과입니다. 단순 노동계의 어벤져스 부부가 탄생했습니다. 이전에 아내와 함께 책 스티커 작업도 했는데, 그때도 손발이 무척이나 잘 맞았습니다.

점심을 먹고, 아르바이트 팀이 와서 본격적인 일을 시작하는 오후 1시까지 세팅을 했습니다. 그리고 담당자 분과 상의하여 오실 분들 업무 배치까지 마치고 일을 시작했습니다. 작업반장 역할을 톡톡히 했습니다. 그 후 1시부터 5시까지, 때로는 6시까지 불꽃같이 일을 합니다. 오신 분이 모두 힘을 합해 마치 기계처럼 일을 합니다. 이제 어느 정도 합이 맞아서 일이 순조롭게 진행됩니다. 출판사에서 쉬는 시간에 간식도 챙겨 주시고, 때로는 책도 선물해 주시고, 아르바이트비도 넉넉히 주시기에 힘들지만 모두 열심히 일을 합니다. 몸은 고되지만, 일을 끝내 놓고 나면 그렇게 뿌듯할 수가 없습니다.

무엇보다 이 일을 아내와 함께하니 참 좋습니다. 혼자였다면 오가는 길도 외롭고, 일할 때도 아쉬움이 많았을 텐데, 아내가 든든하게 뒤에서 받치고 있다고 생각하니 힘이 납니다.

영어는
거들떠보지도 말아야지

저는 대학에서 영어영문학을 전공했습니다. 영어나 문학이 좋아서 전공을 택한 것은 아닙니다. 감리교 신학대학교를 가려고 했지만 극심한 반대에 부딪쳤고, 신학대학원을 가기 위한 중간 경로로 영문학을 전공할 수 있는 학교를 지원했을 뿐입니다. 당시 제가 입학했을 때는 1학년 성적과 상관없이 자신이 원하는 학과를 선택할 수 있었습니다. 하지만 대학교에 입학한 지 3개월 만에 목회의 꿈을 접으면서, 그리고 대학 생활 내내 교회를 안 다니면서 영어가 너무나도 싫어졌습니다. 신학대학원이라는 목표가 사라지니 영어를 공부해야 하는 이유를 발견할 수 없었고, 공부 자체도 싫었습니다. 저는 경영학을 복수 전공했는데, 그 이유가 영문학을 단일 전공하면 영문학 관련 수업을 많이 들어야 했고, 그러면 영어로 수업하는 강의를 들을 수밖에 없었기에 단순한 생각으로 경영학을 선택한 것뿐입니다.

한번은 이런 일도 있었습니다. 피하고 싶어도 피할 수 없는 전공 필수 수업이 있었으니 바로 '셰익스피어'였습니다. 저는 당시 새벽에

성도는 우리 가족뿐입니다

일을 하면서 학교를 다니고 있었기에 거의 대부분 수업 시간에 잤습니다. 그럼에도 중간고사는 치러야 했고, 과제도 제출해야 했습니다. 과제는 셰익스피어 작품 중 하나를 골라 그 작품에 나오는 인물을 분석하는 것이었습니다.

그 과제를 받아들고 막막했습니다. 야간에 일을 해야 해서 가뜩이나 시간이 없는데 심지어 리포트를 영어로 작성해야 했기 때문입니다. 그러나 그 순간 번뜩이는 생각이 뇌리를 스쳤습니다. '아! 교수님이 한국인이잖아. 비록 귀화하셨지만, 한글로 써도 읽으실 수 있으니 한글로 써야겠다.' 지금 생각해도 이 잔머리는 기가 막힙니다.

〈햄릿〉을 선택하여 어찌어찌 리포트를 쓰고 뿌듯한 마음으로 제출했습니다. 얼마 후 수업 시간이 돌아왔고, 교수님이 들어오시자마자 저를 찾으셨습니다. "김민철이라는 학생이 누군가? 수업 끝나고 교수실로 오게." '왜 오라고 하신 걸까? 내가 도대체 무엇을 잘못한 건가.' 별의별 생각이 다 들었습니다. 수업이 끝나고 교수실로 갔습니다. 교수님은 알 수 없는 미소를 지으시며 저를 맞아 주셨고, 제게 이렇게 말씀하셨습니다.

"내가 이 학교에서 오랫동안 가르치고 있는데, 당신 같은 학생은 처음이에요. 어떻게 영문학 수업 리포트를 한글로 쓸 생각을 했어요?"

그래서 나름 변명 아닌 변명을 했더니 다시 써 오라고, 다시 써 오면 평가에 고려하겠다고 하셨습니다. 그 후 번역기도 돌리고, 친구의 도움도 받으며 간신히 리포트를 제출했습니다. 교수님은 그런 저에게 후하게 'C'라는 학점을 주셨습니다.

저는 그렇게 휴학, 자퇴, 재입학 등을 거치며 9학기를 다닌 끝에 8년 만인 2006년 2월에 대학을 졸업했습니다. 졸업 평점은 무려 2.33. 졸업 최저 기준 평점이 2점이었으니 정말 간신히 졸업한 셈입니다. 졸업을 하며 다시는 영어를 거들떠보지도 않겠다고 생각했습니다. 그만큼 영어가 싫었습니다.

그랬던 제가 지금 아이들에게 영어를 가르치고 있습니다. 사실 신학대학원을 다닐 때부터 동기 형이 저에게 영어 과외를 하면 어떻겠느냐고 몇 번이나 제안했고, 몇 년 전에는 본인이 20년 영어 과외 노하우를 가르쳐 줄 테니 본격적으로 해보라며 제안했음에도, 저는 영어가 너무 싫어 전혀 고려하지 않았습니다.

하지만 코로나가 시작되고, 외주 편집과 포장 아르바이트 외에 다른 일을 더 해야 하는 현실의 절박함 앞에서 그제야 동기 형의 제안이 마음에 들어왔습니다. 2020년 12월과 1월에 동기 형에게 노하우를 전수받으며 영어를 공부했습니다. 다행히 형이 강조하는 내용은 제가 대학교를 다니면서 중요하게 생각했던 내용이었고, 가르치는 방식이 제가 매우 좋아하는 방식이어서 어렵지 않게 배울 수 있었습니다. 그렇게 형의 강의를 들으며 오랫동안 잊고 있던 영어에 대한 감이 돌아오게 되었습니다.

성도는 우리 가족뿐입니다

뜻하지 않게
시작된 수업

영어를 가르치기로 마음먹었지만 아무래도 처음이다 보니 6개월은 준비해야 할 것 같았습니다. 2021년 상반기에 준비하고, 하반기에 광고를 내서 수업을 시작해야겠다고 계획을 세웠습니다. 평소에 교제하고 있던 집사님들과 함께 식사를 하면서 이런 계획을 나눴습니다.

얼마 뒤 한 집사님에게 연락이 왔습니다. 아들 영어 수업과 관련하여 상담을 하고 싶다고 하셨습니다. 날짜와 약속 장소를 잡긴 했지만, 솔직히 걱정 반, 두려움 반, 기대는 아주 조금이었습니다.

약속한 날이 되어 집사님을 만났습니다. 집사님은 제게 아들을 맡기고 싶다고 하셨습니다. 물론 영어 과외를 20년 만에 다시 하는 제게 맡기는 것을 걱정하는 가족도 있었지만, 집사님은 저를 믿으신다면서 가족들을 설득하셨다고 말씀하셨습니다. 그 말씀을 듣고 얼마나 감사했는지 모릅니다.

집사님은 2016년 1월 페이스북을 통해 저를 알게 되시고, 저와 연결고리가 없기에 함께 아는 페친을 통해 연락을 주셨습니다. 한솔교회에 헌금하고 싶다고 연락하셔서는 몇 년 동안 정기 후원을 해주셨고, 함께 성경 공부도 하고, 농사 지으신 것을 나눠 주시기도 하는 등 저희 가정과 한솔교회에 큰 은혜를 베풀어 주셨습니다. 그런데 저를 믿고 아들까지 맡겨 주시다니 어찌 감사하지 않을 수가 있겠습니까. 게다가 집사님은 아들과 함께 수업을 들을 수 있는 다른 학생까지 연결해 주셨습니다.

그렇게 생각지 못하게 2021년 3월부터 수업을 시작하게 되었습니다. 동기 형이 가르쳐 준 것을 여러 번 복습하면서 나름대로의 교수법을 만들어 머릿속으로 시뮬레이션하면서 수업을 준비했습니다. 집사님이 저를 믿어 주셨으니 실망시켜 드리고 싶지 않았고, 그 믿음에 보답해 드리고 싶었습니다. 최선을 다해 수업을 준비해서 아이들을 가르치려고 애썼습니다. 아이들과 밥도 먹고, 소소한 대화도 나누면서 관계를 이어 갔습니다. 아이들이 잘 따라와 주고 공부도 열심히 해서 좋은 성적을 받은 것은 제게도 큰 동기부여가 되었습니다.

이렇게 중고등학생들을 만나고 아이들의 생각을 들을 기회가 있어 감사하기도 합니다. 한솔교회에서는 제 아이들 외에 다른 학생들을 만날 기회가 전혀 없는데, 그 아이들을 만남으로 제 경험도 확장되고, 사고도 넓어지고 있습니다. 한편으로 그 아이들을 통해 요즘 학생들의 어려움을 발견하기도 합니다. 바라기는 아이들의 영어 과외 선생님일 뿐이지만, 아이들의 인생에 좋은 기억으로 남을 수 있는 좋은

성도는 우리 가족뿐입니다

어른이 되고 싶습니다. 아이들에게 수업을 열심히 하는 것은 당연하고, 그것만이 아닌 무언가를 줄 수 있으면 좋겠습니다.

"민철 님은

참 좋은 분 같아요"

한 달에 한두 번 하던 아르바이트가 있습니다. 지금은 하지 않지만,
어느 회사의 사내 시험을 감독하는 일이었습니다.

그 아르바이트를 할 때 만난 스물일곱 살 청년이 있습니다. 친구
소개로 아르바이트를 나오게 되었는데, 제가 만났을 때는 그 청년이
두 번째로 아르바이트를 하러 온 때였습니다. 저랑 같은 시험장에 배
치받았고, 그날 오전과 오후에 함께 시험을 감독했습니다.

그 청년은 아르바이트를 시작한 지 얼마 안 됐기에 오전 타임에
는 제가 주감독관으로, 그 청년은 부감독관으로 역할을 분담했습니
다. 그러면서 주감독관으로 해야 할 일을 차근차근 세세하게 알려 줬
습니다. 사실 별것 없기는 했지만, 제가 배운 대로, 그리고 직접 해보
면서 경험한 것들을 가르쳐 주었습니다.

점심 시간이 되었고, 그 청년에게 밥을 사 주었습니다. 사 주고
싶은 마음이 들었는데, 아르바이트에 성실히 임하는 그 청년의 모습
이 보기 좋았나 봅니다. 코로나 시기였기에 함께 식사할 수는 없었지

성도는 우리 가족뿐입니다

만, 식사 이후에 그 청년이 답례라며 커피를 사 주어 잠시나마 대화할 수 있었습니다. 그 청년은 당시 대학교 3학년 재학 중이었고 경찰 공무원 시험을 준비하고 있었습니다. 어쩐지 그 청년의 말투에서 반듯함이 느껴졌는데, 부드러운 '다나까'체였습니다. 어쨌든 오후에는 그 청년이 주감독관으로, 저는 부감독관으로 역할을 바꿔 오후 시험 감독을 마친 후 헤어졌습니다.

그런데 2개월 뒤 아르바이트에서 그 청년을 다시 만났습니다. 사실 아는 사람과 아르바이트를 같이 하더라도 만나기가 쉽지 않습니다. 시험 감독관 아르바이트를 신청해도 다 배정받는 것이 아니고, 배정받는다 해도 시험을 치르는 건물이 여러 개여서 같은 건물에 배정받는 것이 쉽지 않기 때문입니다. 저를 소개해 주신 분도 아르바이트하는 동안 몇 번밖에 못 봤습니다. 그런데 그 청년을 2개월 만에 다시 만난 것입니다.

그 청년과 아르바이트하는 건물까지 10여 분을 함께 걸어가며 대화했습니다. 그 청년은 아르바이트 배정 메일에서 저와 같은 건물에 배정받은 것을 보고 반가웠다면서 지난번에 아주 잘 가르쳐 주신 덕분에 지금까지 아르바이트를 잘하고 있다며 감사하다고 말했습니다. 그리고 다음에 아르바이트를 함께하게 되면 커피를 사 드리고 싶다고도 했습니다. 저는 진짜 별로 한 것이 없는데, 그렇게 말해 주니 참 고마웠습니다.

그날은 오전 시험만 있는 날이어서 11시에 종료되었습니다. 각 시험장 정리를 마치고 집결해서 보고를 마치니 11시가 조금 넘었습니다. 그 청년과 함께 내려오면서 다시 이런저런 이야기를 하는데, 그 청년이 회사 근처에서 멀지 않은 곳에 산다는 이야기를 전에 나눴던 것이 기억나서 데려다 주겠다고 했습니다. 마침 시간 여유도 있었고요. 집으로 가는 길에 그 청년은 제게 이런 이야기를 했습니다.

"민철 님은 참 좋은 분 같아요. 친절하시고, 어떤 면에서는 위트도 있으시고, 성실하시고, 행복해 보이세요. 그리고 가정에 참 충실한 분처럼 느껴져요. 그리고 일하면서 중간 중간 해주신 말들이 제게 정말 도움이 되고, 고맙더라고요."

저는 그냥 그 청년이 동생 같아서, 비록 구내식당 밥이었지만 사주고 싶었고, 함께 일해야 하니 별것 아니지만 세세히 가르쳐 주었을 뿐입니다. 그리고 마침 시간이 가능해서 데려다 주었을 뿐인데, 저를 꼰대처럼 생각하지 않고 그렇게 봐 주니 무척이나 고마웠습니다.

성도는 우리 가족뿐입니다

신발과의
사투

이 날도 시험 감독관 아르바이트를 간 날이었습니다. 새벽 5시 40분쯤 일어나서 간단하게 식사를 하고, 비즈니스 캐주얼룩(이것이 아르바이트 규정입니다)을 입었습니다. 그리고 무엇을 신을까 고민하다가 눈에 보이는, 오래됐지만 편한 신발을 신었습니다.

한 시간 조금 넘게 걸려 회사 주차장에 도착했습니다. 차에서 내려 걸어가는데, 어? 신발이 이상합니다. 바닥에서 살짝 끈적거리는 느낌이 났는데, 그 때문인지 신발 밑창이 분리되기 시작했습니다. 아무리 신발이 오래되었다고 하지만 신발이 삭다니요!

대안이 없었기에 그 신발을 신고 사옥으로 들어가는데, 밑창이 점점 격렬하게(!) 갈라지기 시작했습니다. 그 신발을 어떻게든 끌고 방문증을 발급받고, 보안 검색대를 통과해서 집결지로 걸어갔습니다. 카펫이 깔려 있는 바닥이 보여, 이제 좀 나아지려나 하는 찰나, 오른쪽 신발 밑창이 거의 분리되어 밑창과 신발 바닥 사이에 있는 하얀 가루가 바닥에 떨어지기 시작했습니다. 심지어 바닥에 깔린 카펫 위에서는 눈에도 너무 잘 띄었습니다. 제 발걸음을 따라 그 가루가 계속 떨어지기 시작하고, 거의 30미터 가까이 떨어졌습니다. 시험장에 들어가 시험 준비를 하는데, 제 동선을 따라 그 하얀 가루가 눈에 너무 잘 띄게 떨어져 있는 것이 보였습니다.

잠시 후 시험을 준비하는 방으로 청소 여사님이 들어오셨습니다. 누군가 바닥의 하얀 가루를 보고 신고했고, 시설 팀의 잘못인가 싶어 확인차 청소하러 오셨다고 하셨습니다. 저는 여사님을 보고 어찌할 줄 몰라 연신 사과했습니다. 그 순간에도 하얀 가루는 계속 떨어졌고, 심지어 왼쪽 밑창까지도 완전 분리될 위기가 왔습니다. 여사님도 난감해 하시는 것이 느껴졌습니다.

저는 바로 신발을 벗어 들고 화장실로 갔습니다. 그곳에서 너덜너덜해진 양쪽 신발 밑창을 과감하게 떼어 버리고, 그곳에 있는 하얀 가루 물질을 휴지로 제거하다가 결국엔 맨손으로 박박 긁어내기 시작했습니다. 시험 준비는 함께 일하는 분에게 부탁드렸고, 무엇보다 청소하시는 여사님에게 죄송해서 어떻게든 빨리 이 문제를 해결하고 싶은 마음이 간절했습니다.

신발과의 사투 끝에 드디어 하얀 가루를 모두 제거하고 밑창이 제거된, 붉은 바닥이 보이는 신발을 신고 시험장 안으로 들어왔습니다. 여사님은 여전히 바닥을 쓸고 계셨는데, 제가 하겠다고 하니 괜찮다고 하시면서 제 할 일을 하라고 말씀하셨습니다. 어찌나 죄송하고 감사하던지요.

저는 그 상태로 오전 시험 감독관 아르바이트를 마치고, 식당에 가서 점심을 먹고, 오후 시험 감독관 아르바이트도 무사히 마쳤습니다. 물론 그 상태로 주차장으로 당당히 걸어가 차에 탑승했고, 과외까지 하러 가서 잘 마치고 집으로 돌아왔습니다.

집에 왔는데, 아내가 문 앞에 나와 있었습니다. 제가 이미 아내에게 카톡으로 말해 주었는데, 그 카톡을 받았을 때부터 아내가 엄청 웃었습니다. 밑창이 분리된 신발과 저를 본 아내는 더욱 깔깔깔 웃어 댔습니다. 새 신발이 있음에도 편한 신발 신겠다고 그 신발을 신은 것이 이런 불상사를 낳을 줄은 몰랐습니다. 신발이 14년 되었고, 아무리 몇 개월 만에 신었다고 이렇게 삭을 수 있다니 놀라울 따름입니다. 살다 보니 별일이 다 생기네요. 아르바이트하다 이런 일이 생길 줄은 전혀 예상치 못했습니다.

그런 시절들을
지나

서울에서 색인 아르바이트를 한 날이었습니다. 9시부터 5시까지 예정되어 있었는데, 생각보다 1시간 반 정도 일찍 끝났습니다. 저녁에 합정에서 약속이 있어서 어떻게 할까 고민하다가 운동을 해야겠다고 마음먹었습니다. 애오개역에서부터 합정역까지 걸었습니다. '애오개역 - 공덕역 - 서강대학교 - 신촌역 - 동교동 - 홍대 정문 - 합정역' 코스로 5킬로미터는 넘었던 것 같고 시간은 한 시간 반 정도 걸렸습니다.

오랜만에 모교 앞을 지나고 싶어서 이런 코스를 정했습니다. 그리고 제가 살던 동네도 보고 싶었습니다. 그렇게 걸어가면서 추억들을 떠올렸습니다. 서울여고 근처에서 자취했던 일, 대흥동 선배 집에 얹혀 살던 일, 신수동에서 첫 자취를 시작했던 일, 집이 없을 때 후배 집에 얹혀 살던 일, 모교 정문 앞에서 하숙했던 일 등이 스쳐 지나갔습니다.

그러다 학교 정문을 지나면서 정문 왼쪽 편에 있는 건물을 사진 찍었습니다. 20년이 지났지만 건물 외관은 거의 그대로였습니다. 지

　　　　　성도는 우리 가족뿐입니다

하에 당구장이 있고, 1층에 편의점이 있는 것도 그대로였고요. 5층짜리 건물인데, 제 20대 초반은 그 건물과 함께했다고 해도 과언이 아닙니다.

당시 지하에 있던 당구장에서 1년 정도 아르바이트를 했고, 1층에 있던 CU편의점(당시에는 패밀리 마트)에서 새벽 아르바이트를 했습니다. 2층에는 PC방이 있었는데 그곳에서 밤새 테트리스 게임을 했으며, 3층에는 만화방이 있었는데 시간이 날 때마다 그곳에서 라면을 먹으며 만화를 보았습니다. 4층에도 당구장이 있었는데, 지하 당구장에서 1년 아르바이트를 끝낸 후 4층 당구장에서도 아르바이트를 했습니다. 그때 돈이 없어서 당구장 한편에 있는 한 평짜리 쪽방에 기거하며 아르바이트를 했습니다. 씻을 데가 없어 공용 화장실에서 씻거나 5층 헬스장 사장님에게 부탁해서 샤워를 하기도 했습니다. 그렇게 그 건물에서만 2년 넘게 살다시피 했습니다.

신촌역으로 향하면서는 거구장, 동해횟집, 노고산숯불갈비 등 그대로인 가게들을 보면서 옛 기억이 새록새록 떠올랐습니다. 동해횟집이나 노고산숯불갈비는 비싸서 거의 못 갔지만, 그래도 그 자리에 그대로 있는 것이 무척 신기하고 좋았습니다.

그런 시절들을 지나 지금의 제가 있습니다. 때로는 지우고 싶은 기억도 있지만, 멋모르고 생존하기 위해 치열하게 살았던 때가 있었구나 싶습니다. 그러고 보면 대학교 2학년 때 아르바이트를 시작한 이후로 지금까지 제대로 쉬어 본 적이 없는 것 같습니다. 여행은 거의 꿈도 못 꿀 일이었고요. 20대 초중반에 잠시 엇나간 삶을 살기도 했지만, 그래도 참 열심히 살아온 것 같습니다.

과거의 시간들이 쌓여 지금의 제가 있듯이, 지금의 시간들이 쌓여 미래의 제가 있겠지요. 이 땅에서 주어진 시간이 언제까지일지는 모르지만, 지금의 시간에 충실하고, 지금의 시간에 자족하며 하루하루 살고 싶습니다. 이렇게 저를 변화시키신 주님에게 감사할 따름입니다.

아이들이

스스로 알게 되기를

아이들을 키우며 제 안에 있는 불안과 마주합니다. 어쩌면 두려움이라고 해야 할지도 모르겠습니다. 그게 뭘까 싶었는데, 아이들에게 요구하고 있는 '성실함'이었습니다. 이것도 다른 부모들과 대화하면서, 또는 상담하면서 알게 되었습니다.

저는 생계를 위해 다양한 일을 합니다. 저는 목회자라는 정체성을 좋아하지만, 현실적으로는 교회에서 주는 생활비로 생계를 유지할 수 없으니, 목회자로서 감당해야 할 최소한의 일을 하면서 생계를 유지하기 위해 여러 일을 할 수밖에 없습니다.

그래서 정규직이 아닌 아르바이트와 같은 여러 일을 병행합니다. 정규직으로 일하지 않는 것은 스스로의 마지노선이기 때문입니다. 과외를 하고, 외주 편집 일을 하고, 포장 아르바이트를 하고, 노인 대학에서 강의하고, 그 외에 틈틈이 일이 주어질 때마다 하고 있습니다. 물론 저는 제가 선택한 길이기에 행복하게 감당하고 있습니다.

이런 일들을 하면서 중요한 것은 성실함이었습니다. 성실하지

성도는 우리 가족뿐입니다

않으면, 일을 잘하지 않으면, 열심히 하지 않으면 돈을 벌기 힘드니까요. 돈을 못 벌어도 어떻게든 살기야 하겠지만, 그 고통이 극심할 것이기에 먹고살기 위해 맡겨진 일들을 잘하려고 최선을 다했습니다. 모든 분이 아시듯 다른 사람의 돈을 자신의 주머니로 옮겨 오는 일은 참 쉽지 않으니까요.

문득 그런 생각이 들었습니다. '내가 지금 이렇게 살 수 있는 원동력은 어디에서 온 것일까?' 그러면서 과거를 돌아보니 고등학교 때의 경험이 제게는 무척 컸습니다. 그때는 단순히 좋은 대학을 가야겠다는 마음으로 그냥 매일매일 성실히 공부했습니다. 그런데 그때 성실히 공부한 것이, 어떻게 하면 단어를 더 잘 외울 수 있을까, 문제를 더 잘 풀 수 있을까 고민한 것들이 사회생활하는 데 도움이 되었다는 것을 깨달았습니다. 물론 이것은 제 경우입니다.

지금의 형편을 보면, 제 아이들은 부모의 외적인 지원 없이 사회로 진출할 가능성이 높습니다. 그렇기에 나중에 아이들이 성인이 되어 무탈하게 생계를 유지하며 살 수 있도록, 또한 나중에 하고 싶을 것을 하며 살 수 있도록 지금 이 시기에 키워 주어야 할 것이 무엇일까 고민했습니다. 그것이 바로 '성실함'이었고, 그 성실함을 키우기 위해 습관을 만들도록 해 줘야겠다고 생각했습니다.

그래서 작년부터 첫째에게 하루에 단어를 10개씩 외우게 하고, 수학 문제를 30-40분씩 풀게 했습니다. 수학 문제 푸는 것은 첫째가 스스로 정한 일이었습니다. 그리고 주니어 성경 한 챕터를 읽고 세 문장으로 요약하게 했습니다. 둘째와 셋째에게는 수학 문제를 30분 정도만 풀게 했고, 어린이 성경 한 챕터를 읽고 요약하게 했습니다. 하루에 한 시간에서 한 시간 반 정도 주 6일 동안 그렇게 하고, 주일에는 쉬었습니다. 나머지 시간에는 아이들이 하고 싶은 것을 하게 두었습니다. 단, 휴대 전화 사용 시간만 제한하고요.

그런데 작년 하반기에 첫째의 반항에 충격을 받고, 그마저도 알아서 하게 두었습니다. 휴대 전화 사용도 내버려 두었더니 너무 과하게 해서 그것만 어느 정도 제한한 채로요. 물론 본인도 잘 알고 있기에 수긍했습니다. 둘째, 셋째도 느슨하게 두었습니다.

그랬더니 아이들과 크게 부딪힐 일도 없고 편안해졌습니다. 때로는 보고 있으면 속이 터지기도 하고, 답답하고 걱정될 때도 있지만, 그저 아이들이 커서 덜 고생하기를 바랄 뿐입니다. 어쩌겠습니까, 제가 해결해 줄 수 없는 문제인 것을요. 결국 그것은 제 불안이었을 뿐, 그것조차 아이들 스스로 겪어야만 하는 문제라는 것을 깨달았습니다. 저도 그랬지만 사람은 자기가 직접 겪어 보아야만 아는 것 같습니다.

물론 지금도 어렵습니다. 부모로서 자리를 지켜야 하고, 아이들이 언제든 돌아올 수 있는 품이 되어야 하고, 기다려 주어야 한다는 것도 압니다. 하지만 어느 선까지 제 역할을 해야 하는지 잘 모르겠습니다. 다만, 아이들이 행복하기를 바랄 뿐이고, 좋은 사람으로 자라기를 바랄 뿐입니다.

또한 이 사회가 더불어 살 수 있는 곳이 되기를 바라고, 낙오하는 사람이 없도록 조금 더 배려해 주는 곳이 되기를 바랄 뿐입니다. 더하여 넘어지더라도 다시 일어설 수 있는 곳이 되기를 바랄 뿐입니다.

그렇기에 저는 제게 맡겨진 일을 최선을 다해 감당하려고 합니다. 말로 하는 교육보다 아이들에게 삶으로 보여 주는 교육이 힘이 있다는 것을 믿기 때문입니다. 지금 당장은 모르겠지만, 시간이 지나며 아이들이 스스로 알게 될 것을 바라면서요.

작은 바람

몇 년 전부터 매해 마지막 날이 되면 제가 씨름하는 문제가 있습니다. 바로 '부르심'입니다. 어느 날 공부를 하다가 목회자에게 '내적인 부르심'과 '외적인 부르심'이 있다는 것을 알게 되었습니다. 제게 내적인 부르심은 확실하지만, '외적인 부르심'은 일반적으로 청중으로 확인하는데, 성도가 저희 가족뿐인 한솔교회 상황에서 '내게 외적인 부르심이 있는가, 있다면 그것을 어떻게 확인할 것인가'는 항상 딜레마였습니다.

'저는 N잡러 목사입니다'에서 언급했듯이 저는 다양한 일을 하며 살아가고 있습니다. 이유는 특별하지 않습니다. 특별한 사명 때문에 하는 것도 아니고요. 그저 스스로 본캐릭터가 '목회자'라고 생각하기에 목회를 지속하기 위해 다른 일들을 하는 것입니다. 가족을 부양하기 위해서이기도 하고요.

그래서 저는 일해서 받는 소득과 후원으로 기본적인 생계를 유지하면서, 목회자로서 해야 할 일들을 할 수 있다면, 그것이 제게 '외적인 부르심'이라고 생각하기로 했습니다.

감사하게도 아직까지는 매년 연말에 이런 식으로 '외적인 부르심'을 확인했습니다. 당연한 것이지만 목회자로서 매주 예배를 인도할 수 있었고, 노인 대학에서 성경을 가르칠 수 있었으며, 한솔교회 성도들은 아니지만 다른 교회의 여러 성도를 만날 수 있었습니다. 그리고 매년 외부 설교를 할 기회가 몇 번 주어지는데, 그것을 통해서도 '외적인 부르심'을 확인했습니다. 교회 차원에서는 한솔교회가 도움을 받고 있지만, 한편으로는 꾸준히 해외 선교사님들을 위해 기도하며 후원을 했고, 어려운 분들을 틈틈이 돕기도 했습니다.

하지만 앞으로, 당장 올해 말이라도 한 해를 돌아보며 외적인 부르심을 확인할 수 없다면, 즉 본격적으로 생계 전선에 뛰어들게 된다면 목사 직분을 내려놓고 성도로 사는 것을 고려하고 있습니다. 아니, 그때는 목사 직분을 내려놓고 교회의 일원이 되어 사는 것이 저와 저희 가정, 그리고 교회에도 유익할 것이라 생각합니다. 사실 그렇게 마음먹으니 목회를 열심히 하려고 나름 노력하지만, 힘을 뺄 수 있고, 지금 살아가는 삶에 자족하며 살 수 있기도 합니다.

지금까지 아쉬운 점도 있었고, 때로는 나태해질 때도 있었지만, 그래도 하루하루 열심히 살아 낸 것 같습니다. 그래서 스스로에게 "잘

했다" 말해 주고 싶습니다. 그리고 제게 여러 일을 할 수 있도록 기회를 준 분들에게 진심으로 감사의 인사를 전하고 싶습니다. 무엇보다 주님의 은혜가 아니고서는 이렇게 살아갈 수 없었음을 고백할 수밖에 없습니다.

그럼에도 한 가지 작은 바람이 있다면, 매년 외적인 부르심을 확인함으로써 목회자로 은퇴하는 것입니다. 그리고 목회자로 살아가더라도 특별하지 않은 교회에서 목회하고 싶습니다. '건강한' 교회? '대안' 교회? 물론 목회 초기에는 그런 생각을 하기도 했지만, 시간이 지나면서 '교회'라는 용어 앞에 무언가를 붙여야 한다는 생각이 흐려지고 있습니다.

종교 개혁자들이 말한 교회의 표지에 따라 바른 말씀이 선포되고, 성례가 바르게 시행되며, 사랑으로 행하는 권징이 있고, 성도가 함께 먹고 마시면서 교제하며, 이웃의 어려움을 외면하지 않고 그들과 삶을 나누는 그런 교회에서 목회하고 싶습니다.

성경과 교회 역사에서 논의된 직분에 따라 성경과 교회 역사를 연구해서 설교하고 교육하며, 나약한 존재지만, 최전선에서 말씀대로 살아가려고 애쓰는 목사로 살아가고 싶습니다. 다양한 기술을 지니거

성도는 우리 가족뿐입니다

나 큰일을 하려는 교회가 아닌, 가장 기본에 충실한 교회, 저는 그런 교회를 꿈꿉니다.

성도는 우리 가족뿐입니다

초판 발행   2023년 1월 15일
지은이   김민철
발행인   손창남
발행처   (주)죠이북스(등록 2022. 12. 27. 제2022-000070호)
주소   02576 서울시 동대문구 왕산로19바길 33, 1층
전화   (02) 925-0451 (출판부)
          (02) 929-3655 (영업팀)
팩스   (02) 923-3016
인쇄소   시난기획
관권소유   ©(주)죠이북스
ISBN   979-11-981521-0-7 03230